职业教育汽车类专业"互联网+"创新教材
汽车技术服务与营销专业"校企合作"精品教材

汽车售后服务接待

（配实训工单）

北京运华科技发展有限公司　组编
主　编　张　燕　刘　铭
副主编　林　凤
参　编　吴风波　于　敬　孙　静　刘长策
　　　　郑瑞娜　赵一敏

机械工业出版社
CHINA MACHINE PRESS

本书是职业教育汽车类专业"互联网+"创新教材。本书面向汽车售后服务顾问岗位，针对服务顾问应具备的知识、技能与职业素养，遵循学生未来职业成长规律，贯彻先进的服务管理理念和售后服务业务流程，结合岗位的实际工作过程编写而成，实现了与企业职业岗位能力的无缝衔接。

本书是理实一体化教材，包括**理论知识**和**实训工单**两部分。**理论知识**包括汽车售后服务概述、售后客户接待与客户分流、售后服务接待核心流程、售后服务业务拓展、售后战略制订与售后服务管理、新能源汽车售后服务知识拓展六个项目。**实训工单**中的实训项目以接受工作任务、信息收集、制订计划、计划实施、质量检查、评价反馈六个环节为实训主线，结合理论知识内容进行实践操作，形成理实一体化的教学模式。

本书采用"校企合作"模式，图文并茂、内容新颖全面，并配有视频、动画等多媒体资源，以二维码的形式嵌入理论知识部分，方便读者理解相关知识，以便更深入地学习。

本书可作为职业院校汽车类相关专业的教学用书，也可作为汽车维修企业内部培训资料，还可作为汽车维修技术人员和4S店工作人员的参考用书。

为方便教学，本书配有**电子课件**和**实训工单答案**，凡选用本书作为授课教材的教师均可登录 www.cmpedu.com 以教师身份注册、免费下载，或咨询相关编辑，电话：010-88379201。

图书在版编目（CIP）数据

汽车售后服务接待：配实训工单/张燕，刘铭主编. —北京：机械工业出版社，2019.7（2024.2重印）
职业教育汽车类专业"互联网+"创新教材　汽车技术服务与营销专业"校企合作"精品教材
ISBN 978-7-111-63569-7

Ⅰ. ①汽… Ⅱ. ①张…②刘… Ⅲ. ①汽车－售后服务－高等职业教育－教材 Ⅳ. ①F407.471.5

中国版本图书馆 CIP 数据核字（2019）第 185966 号

机械工业出版社（北京市百万庄大街22号　邮政编码100037）
策划编辑：师　哲　责任编辑：牛砚斐
责任校对：郑　婕　封面设计：张　静
责任印制：郜　敏
中煤（北京）印务有限公司印刷
2024年2月第1版第11次印刷
184mm×260mm·11.75印张·289千字
标准书号：ISBN 978-7-111-63569-7
定价：34.80元（含实训工单）

电话服务　　　　　　　　　网络服务
客服电话：010-88361066　　机　工　官　网：www.cmpbook.com
　　　　　010-88379833　　机　工　官　博：weibo.com/cmp1952
　　　　　010-68326294　　金　书　网：www.golden-book.com
封底无防伪标均为盗版　　机工教育服务网：www.cmpedu.com

职业教育汽车类专业"互联网+"创新教材
汽车技术服务与营销专业"校企合作"精品教材

编审委员会

顾　问
罗　磊　　中国汽车流通协会
简玉麟　　武汉交通学校
李景芝　　山东交通学院
王法长　　中国汽车流通协会人力资源分会
贺　萍　　深圳职业技术学院

主　任
郑丽梅　　全国机械职业教育教学指导委员会

副主任
张国方　　武汉理工大学
刘宏飞　　吉林大学
申荣卫　　天津职业技术师范大学
韩　萍　　长春汽车工业高等专科学校
宋润生　　深圳职业技术学院

委　员

王旭荣	高腾玲	李贵炎	庞志康	李　彤	王彦峰	罗国玺
陈　青	吴　刚	李东魁	姚延钢	张红英	操龙斌	李　杰
张晶磊	刘凤良	王远明	莫舒玥	商　卫	张宏阁	邓宏业
苏　明	段懿伦	毕丽丽	颜同宇	郑　莺	何寿柏	付慧敏
曾　虎	纪　烨	李冬冬	尹向阳	张树玲	曲鲁滨	苏　青
何　健	金加龙	赵暨羊	严　丽	邱华桢	屠剑敏	叶燕仙
田厚杰	廖　明	张潇月	李永安			

二维码索引

序 号	二维码	名 称	页 码
1		接车与客户接待	32
2		常用工具的介绍	33
3		精品推荐	36
4		预估维修时间	42
5		服务增项	46
6		竣工检验	47
7		故障问诊	52
8		车辆问诊	54

（续）

序　号	二维码	名　称	页　码
9		如何维护客户关系	92
10		客户投诉处理流程	93
11		开发潜在大客户	94
12		维护客户忠诚策略	98
13		《汽车服务接待仿真教学系统》简介	

前言

本书是针对职业院校学生的学习特点，遵循学生未来职业成长规律，以职业岗位能力培养为目的，根据汽车售后服务企业在新的竞争格局中对售后服务人才的要求，贯彻先进的服务管理理念和售后服务业务流程，结合典型品牌汽车售后服务企业岗位的实际工作过程编写而成的。

本书采用"基于工作过程"的方法进行开发，在对汽车售后服务顾问岗位调研的基础上，分析出岗位典型工作任务，进而提炼出行动领域，在此基础上构建工作过程系统化的课程体系。本书是理实一体化教材，包括**理论知识**和**实训工单**两部分，**理论知识**以项目任务引领，主要包括汽车售后服务概述、售后客户接待与客户分流、售后服务接待核心流程、售后服务业务拓展、售后战略制订与售后服务管理、新能源汽车售后服务知识拓展六个项目。**实训工单**与理论知识对应，每个实训项目包括接受工作任务、信息收集、制订计划、计划实施、质量检查、评价反馈六个环节。通过实践操作，学生可进一步巩固所学知识，从而达到理论实践一体化的目的。

本书由安徽国防科技职业学院张燕、北京运华科技发展有限公司刘铭担任主编，广东机电职业技术学院林凤担任副主编，参与编写的还有吴凤波、于敬、孙静、刘长策、郑瑞娜、赵一敏。具体编写分工如下：张燕编写了理论知识的项目一、项目二、项目三和实训工单的项目二、项目三，并负责全书的统稿工作；林凤、吴凤波、于敬、孙静、刘长策、郑瑞娜、赵一敏共同编写了理论知识的项目四、项目五、项目六和实训工单的项目四、项目五。

在编写本书过程中，北京运华科技发展有限公司开发了配套的实训项目和设备，并制作了配套的视频、动画，在此表示衷心的感谢。

由于编者水平有限，书中难免有错漏之处，敬请读者批评指正。

编　者

目录

二维码索引
前言

项目一　汽车售后服务概述　1
　　任务一　走进汽车售后服务　1
　　任务二　认识汽车售后服务接待　4
　　任务三　汽车售后服务新理念　7

项目二　售后客户接待与客户分流　13
　　任务一　售后前台电话业务受理　13
　　任务二　到店客户识别与分流　15
　　任务三　售后服务接待礼仪　17

项目三　售后服务接待核心流程　29
　　任务一　日常维护业务接待流程　29
　　任务二　车辆常见故障维修业务接待流程　51
　　任务三　事故车辆维修业务接待流程　64
　　任务四　常见客户异议处理　72

项目四　售后服务业务拓展　85
　　任务一　售后服务产品推广　85
　　任务二　普通客户的开发与维护　90
　　任务三　重点客户的开发与维护　93

项目五　售后战略制订与售后服务管理　99
　　任务一　制订服务部门标准和方针　99
　　任务二　资源的协调与管理　104

项目六　新能源汽车售后服务知识拓展　109
　　任务一　上汽荣威绿芯管家—双顾问式服务　109
　　任务二　透明车间与手机 APP 的互联管理　112

参考文献　116

项目一 汽车售后服务概述

任务一 走进汽车售后服务

 任务目标

1. 了解汽车售后服务的基本概念及内涵。
2. 掌握汽车售后服务的主要特征。
3. 了解汽车售后服务现状及创新型汽车售后服务模式。

 建议学时

2 学时。

 相关知识

一、汽车售后服务的基本概念

1. 服务

服务通常是指服务提供者通过必要的手段和方法，满足接受对象需求的过程。

2. 汽车售后服务范畴

汽车售后服务是指从新车进入流通领域，直至其使用后回收报废的各个环节涉及的各类服务，包括汽车销售、广告宣传、贷款与保险资讯等营销服务以及整车出售及后期与汽车使用相关的服务，如维修维护、车内装饰、金融服务、车辆保险、三包索赔、二手车交易、废车回收、事故救援和汽车文化等。

二、汽车售后服务的内涵

1）汽车售后服务的目标是满足客户需求，实现客户满意。
2）汽车售后服务的精髓在于汽车售后服务系统的整合，一体化思想是现代汽车售后服务的基本思想。将从原材料采购开始，经过生产过程和仓储、运输，至配送到达客户以及客户使用过程的整个汽车售后服务过程看作一条环环相扣的汽车售后服务链，努力通过应用系统的、综合的、一体化的先进理念和先进管理技术，在错综复杂的市场关系中使汽车售后服务链不断延长,并通过市场机制使得整个社会的汽车售后服务网络实现系统总成本最小。

3) 现代汽车售后服务的界定标志是信息技术。

4) 现代汽车售后服务呈现出系统化、专业化、网络化、电子化和全球化的趋势。

5) 可持续发展是现代汽车售后服务的重要内容。汽车行业的迅速发展使汽车保有量激增,造成城市交通阻塞,噪声与尾气污染加重,对环境产生了较大的负面影响,增加了环境负担。现代汽车售后服务要从节能与环保的角度对汽车售后服务体系进行改进,不断提高汽车售后服务水平,以促进经济的可持续发展。

三、汽车售后服务的主要特征

1. 系统性

系统性是汽车售后服务的主要特点。汽车售后服务所涉及的主要内容(原材料和配件供应、物流配送、售后服务、维修检测、美容装饰、智能交通和回收解体等)相互关联,组成一个有机的整体。它运用系统的思想和现代化的科学管理方法以及最新手段,将分散的、各自为政的局部利益巧妙地连接在一起,形成了一个各部分有机结合的系统服务工程。

2. 广泛性

汽车售后服务系统涉及的因素很多,涉及的学科领域也较为广泛,例如行为科学、工程学、数学、环境学、法律学、管理学和经济学等。从逻辑学的层面上讲,涉及系统设计、系统综合、系统优化和最优决策等方面;从时间关系看,包括规划、拟定、分析和运筹等各个阶段。

3. 经济性

国际汽车市场上,汽车销售和售后服务的利润水平都很高。国际著名咨询公司麦肯锡的研究结果显示,从销售额看,在成熟的汽车市场中,服务占33%,配件占39%,零售占7%,而制造商仅占21%。

四、我国汽车售后服务现状

1. 底子薄,基础差

由于受到传统计划经济体制的影响,长期以来,我国汽车售后服务市场缺乏来自内部的竞争和价值规律强有力的杠杆作用。目前,我国的汽车售后服务业虽然得到了很大程度的发展,但仍然存在一些服务"盲点",许多汽车生产厂商建立的销售系统还不能有效地和社会服务系统进行有机整合,其他服务类别也是各自为政。

2. 相关法律和法规有待完善

我国汽车行业由于制造及销售环节是利润的主要来源,对于汽车售后服务的关注严重不足,甚至有许多不规范的情况发生。这需要相关从业人员的自律,更需要有法律保障。有了法律法规的保障和规范,汽车售后服务业才能真正走上良性发展的轨道。

3. 多种机制并行

从目前的汽车售后服务方式分析,我国汽车售后服务主要有两大经营模式,即"四位一体"和"连锁经营"。汽车4S店是一种以"四位一体"为核心的汽车特许经营模式,包括整车销售(Sale)、零配件(Spare part)、售后服务(Service)和信息反馈(Survey)。"连锁经营"最早起源于美国零售业,是指经营同类商品或服务的若干个店铺以一定形式组成一个联合体，在整体规划下进行专业分工，并在分工基础上实施集中化管理。目前，"连锁经营"正向着走品牌化经营之路、观念从修理转向维护、高科技不断渗透等方向快速发展。

4. 市场秩序混乱

当前汽车售后服务市场秩序混乱，主要表现为以下三个方面：

1）市场运作混乱，尤其是流通领域，混乱发展的局面十分明显。

2）价格体系和执行混乱，在汽车流通领域、汽车维修服务领域、汽车保险领域和厂商的质量维修环节普遍存在着服务透明度低、收费混乱的现象。

3）市场竞争秩序混乱，由于汽车售后服务业门槛低，导致从业者数量众多，竞争手段贫乏，为达到吸引客户的目的，不惜采取低价恶性竞争的手段，这也是汽车售后服务业诸多问题的重要根源之一。

5. 品牌优势不突出

我国汽车售后服务市场最显著的特点是企业规模较小、持续经营能力差、品牌优势不突出。与国外连锁化汽车售后服务巨头相比，我国的汽车售后服务提供商普遍缺乏较成熟的服务品牌，对企业通过差异化服务实现可持续发展产生了较大影响。

6. 专业人才不足

由于汽车行业发展相对较快，但相关培训又较少，导致从业人员不能及时进行自我知识更新，造成目前汽车售后服务业人才相对短缺。企业缺乏提高服务标准的推动力，从而不能满足消费者日益提升的汽车售后服务需求。人员知识结构的不合理，制约了汽车售后服务业的快速发展。

五、汽车售后服务业的发展对策

1. 建立"服务于人，信誉于己"的售后服务理念

把售后服务放在重要战略位置，作为维护品牌、提高企业形象、参与国际竞争和全球经济一体化、全面进军国际市场的有力保障。

2. 建立维修网络

打造一个有竞争力的维修网络，作为售后服务的强大载体，为售后服务的高效、快速开展提供可靠保障。

3. 建立业务和技术骨干队伍

汽车售后服务虽然是一项商业性的工作，但它也是一项技术性很强的工作。因此，要有一支强大的售后服务技术骨干队伍，并定期开展业务技术培训，不断充实其专业技术知识，使其适应不断变化的市场形势，更好地开展售后服务工作。

4. 建立完善的信息反馈系统

要创造持久服务的优势，需要获得各方面的最新而准确的信息。为此，企业必须通过对新车准备、质量担保、专题跟踪、网点巡视、客户投诉、生产质量、新产品、网点的经营管理情况等信息的收集整理，建立完善的客户信息管理系统、内部故障信息反馈和改进渠道、重大和批量客户故障反应机制系统、网点考核管理系统和产品信息系统等。

5. 提高管理层的人员素质

管理层的人员素质是关系企业兴衰、影响企业效益的关键因素。我国汽车售后服务业迫切需要既精通外语，又具有一定管理能力的高素质经营管理人员，为及时了解世界最新信

息,争取市场主动权提供保障。

六、创新型汽车售后服务模式

1. 汽车售后服务品牌化

针对汽车客户的需要,根据企业自身能力及产品特色,给特定的服务赋予特定的内容、程序和标准,并加以命名,使之形成一个个性化、符号化的服务项目。借用品牌管理思想,通过定位、包装、宣传和实施,在客户中形成预期的知名度、美誉度和认可度,最终达到促进汽车产品销售、提高市场占有率的目的。汽车产品服务品牌应该定位为一个企业的连带品牌,在汽车产品主品牌表现时,应将这一连带品牌与主品牌一同列出。汽车售后服务品牌化关键在于准确定位和实现方式的选择。

2. 汽车售后服务 CI 模式的实现

汽车售后服务的企业形象(CI)规范体系化关键在于两个方面,即规划先进的服务理念和制订可执行的标准。

(1) **规划先进的服务理念** 紧跟先进销售理念的变化:汽车产品概念正在被需求取代,价格概念正在被成本取代,渠道概念正在被方便取代,促销概念正在被沟通取代。所有特约服务站应当是"四位一体"与形象统一的。

(2) **制订可执行的标准** 将服务理念、客户精神由标准核心流程渗透到每一项服务之中。统一的维修设备配置和集中采购、统一的维修配件标准、统一的维修技术标准、统一的维修索赔标准从整体上体现管理的先进性。

3. 汽车俱乐部制创新模式

汽车俱乐部制是指汽车售后服务采用俱乐部形式进行。汽车俱乐部是为了满足消费者需求而建立的一个与汽车客户共同追求生活品质、分享新资源、新科技的亲情化组织。

任务二　认识汽车售后服务接待

任务目标

1. 能够正确认识汽车售后服务接待岗位的作用。
2. 掌握汽车售后服务接待人员应具备的条件。
3. 掌握汽车售后服务接待人员的主要职责及职业准则。
4. 树立维修接待意识,培养自身职业素养。

建议学时

2 学时。

相关知识

一、汽车售后服务接待岗位的作用

从很多企业的成功经验来看,只有在汽车售后服务接待这个"第一窗口"彻底改善服务，才能降低客户不满意事件的发生。图 1-1 所示为客户满意与 4S 店收益的关系。汽车售后服务接待对汽车维修企业的发展有着至关重要的作用。

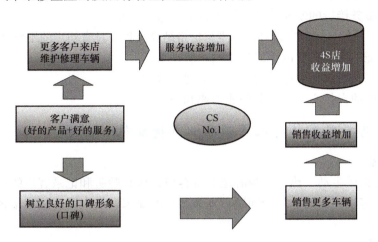

图 1-1　客户满意与 4S 店收益的关系

1. 代表企业的形象

汽车维修企业的特征主要由企业精神、企业效率、企业信誉及经营环境等组成。良好的企业特征能让公众产生深刻的认同感和信任感，进而转化为巨大的经济效益。服务顾问在客户印象中的形象就是企业特征的直接反映，其言谈举止、待人接物、服务水平等直接关系到企业形象的好坏。

2. 影响企业的收益

服务顾问要在维修前对承修车辆进行估价，对在维修过程中所发生的费用进行统计核实，并向客户解释相关费用的收取标准，听取客户的意见并向上级部门反映，在双方完全认同的条件下收取相关费用。其维修估价的合理性、收费结算过程的流畅性、发生费用结算纠纷处理的灵活性，都直接影响着企业的信誉、收入和效益。

3. 反映企业技术管理的整体素质

服务顾问在接车、估价等过程中所表现出的解决问题和处理问题的能力，直接体现了企业技术水平的高低。从接车到交车的全过程中，其工作的条理性、周密性和灵活性具体体现了企业服务和管理水平。

4. 维修企业与客户之间沟通的桥梁

汽车维修企业与客户之间的业务活动主要通过服务顾问来实现。服务顾问在工作中担任双重角色，对于汽车维修企业而言，服务顾问代表客户运用企业的资源按照客户需求实施经营；对于客户而言，服务顾问代表企业的服务品质。

二、汽车售后服务接待人员应具备的条件

从汽车 4S 店的现状调研和汽车工业的发展水平来看，合格的汽车售后服务接待人员必须具备下列条件：

1) 具有汽车维修专业大专以上文化程度，或者取得中级维修工职业资格证书，以及具有在维修岗位 5 年以上的工作经验。

2）品貌端正、口齿伶俐，普通话标准，具有较强的语言表达能力和随机应变能力。
3）熟悉汽车维修、汽车材料、汽车配件及汽车保险等知识，并有一定的实践经验。
4）接受过服务接待的专业培训，经主管部门考核合格。
5）熟悉工时单价、工时定额和汽车维修价格结算流程，具有初步的维修企业财务知识。
6）有驾驶证，熟悉企业内维修软件的一般操作。
7）熟悉和汽车维修行业相关的法律、法规和政策。
8）具有高度的责任心、良好的职业道德和心理素质。

三、汽车售后服务接待人员的职业道德规范

1. 真诚待客

真诚待客是指要主动、热情、耐心地对待客户，认真聆听和记录客户的述说，耐心、诚实、科学地回答客户提出的每一个问题，理解客户的要求，最大限度地满足客户的期望并与之达成共识。

2. 服务周到

服务周到是指在维修的全过程中向客户提供全方位的优质服务。在维修前，服务顾问应该认真倾听客户对汽车故障的描述，初步诊断出汽车故障，对维修内容、估算费用和竣工时间进行详细说明，并得到客户的认同，还要向客户提供有关汽车维护等方面的建议和其他有关信息。在维修过程中，要及时与车间其他人员沟通，确保维修项目合理，避免重复收费和无故增加一些不必要的维修项目。需要增加维修项目时，要耐心、详细地向客户说明，同时要征得客户认可。随时了解维修进度，督促维修车间按时完工，如发现不能按时完工，要及早通知客户，说明原因，取得客户的谅解。结算前，要向客户详细说明维修内容、维修费用的组成，并征得客户认可。交车时，要简要介绍维修过程中的一些特殊情况，汽车现在的状况及使用中的注意问题等。在维修后，应该建立健全汽车维修技术档案，并及时回访。回访客户时要诚恳，对客户提出的所有问题要认真调研，对一些疑问要耐心解释，必要时要勇于承担责任，不推诿和敷衍，对客户提出的建议要表示感谢。要处理好质量投诉，处理客户投诉时要做好"双面人"，切勿当着客户的面责怪维修人员，或是当着维修人员的面责怪客户。

3. 保证质量

保证质量主要是指保证汽车维修的质量。维修过程中各道工序要严格按照技术要求和操作规程进行；使用的原材料及零配件的规格、性能要符合规定的标准；要按规定的程序严格进行检验与测试，使汽车故障完全排除，原来丧失的功能得以恢复，使用寿命得以延长等。

四、汽车售后服务接待人员的职责

汽车售后服务接待人员的主要职责有以下几个方面：
1）保持接待区整齐、清洁。
2）快速向前、热情地接待客户，了解客户的需求及期望。
3）接收车辆，初步诊断车辆的问题，评估维修内容，与客户意见达成一致。
4）估计维修费用或征求有关人员意见，并耐心向客户说明收费项目及其依据，得到客户认同后开出维修单。

5）掌握维修进度，增加维修项目或延迟交车时，及时联络客户，取得客户的同意和理解。

6）确认完成所有维修项目，按时将状况良好的车辆交给客户。

7）妥善保管客户车辆资料。

8）建立客户档案。

9）协助客户完成结账程序并目送客户离开。

10）宣传本企业，推销新技术、新产品，解答客户提出的有关问题。

11）听取客户的意见和建议，及时向上级汇报。

12）不断学习新知识、新政策，努力提高自身业务水平。

五、汽车售后服务接待人员的职业准则

1. 准点准时

准时是一个基本的礼节问题，它代表着对他人的尊重。

2. 言而有信

与客户打交道，最重要的一点就是必须遵守诺言。如果不能兑现对客户的承诺，客户将对维修企业失去信任，有可能选择离开另谋他处。

3. 以客户为中心

由于服务顾问的工作具有重复性，有时候会感到厌烦，可能将客户看作工作的干扰因素，这很容易导致客户的抱怨。要改变这种态度，就要树立以客户为中心的理念，把与客户沟通看作工作中不可缺少的一部分。

4. 理解第一

无论服务顾问的服务技能多么娴熟，都难免有使客户产生不悦的情况。在这种情况下，要站在客户的角度，对客户表示理解。可以使用以下用语来表示对客户的理解："我理解您为什么那样想""我了解您的想法""您说的我都听到了""出了这种事真对不起"等。

5. 忍让为先

无论服务顾问工作多么出色，在工作中也难免遇到吹毛求疵的客户。当这种情况出现时，必须遵守忍让为先的原则，要以高度的涵养妥善处理好与这类客户的关系。

6. 微笑服务

服务顾问必须养成微笑服务的习惯。在与客户面对面的情况下要做到微笑服务，接听电话时更要采用微笑服务。微笑会改变口形，使声波更流畅，声音更动听，更容易被客户接受。大多数客户在评价一个服务顾问服务质量好坏时，常常以微笑服务做得怎么样来衡量。

任务三　汽车售后服务新理念

任务目标

1. 学习企业文化、企业精神与企业形象的内涵。
2. 能够运用5W2H方法与PDCA循环开展工作。

3. 能够按照5S标准开展售后服务接待工作。

2学时。

一、企业文化

企业文化（Corporate Culture），是一个组织由其价值观、信念、仪式、符号和处事方式等组成的其特有的文化形象。

企业文化的核心是企业理念，企业的成功源于成功的企业理念。企业理念能指导企业内部与外部的各项工作，指导企业文化的方向，影响企业文化的形成、传播和发展。丰田汽车公司的"丰田之路"（THE TOYOTA WAY）如图1-2所示，是丰田的企业文化，也是丰田发展的基础。

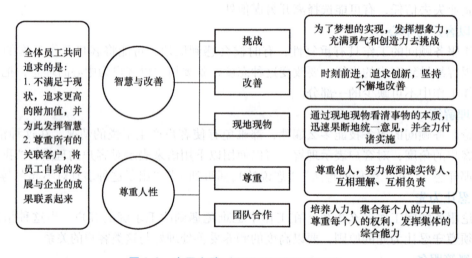

图1-2 丰田之路（THE TOYOTA WAY）

二、企业精神

企业精神（Corporate Spirit）是指企业员工所具有的共同内心态度、思想境界和理想追求，它表达着企业的精神风貌和企业的风气。企业精神是企业文化的一项重要而复杂的内容，是企业全部的精神现象和精神活力。企业精神在塑造企业形象中的作用如下：

（1）导向作用　企业精神不仅是一个企业的精神支柱，而且体现着一个企业在社会中确立良好形象的战略意识，它一旦转化为企业员工的内在需要和动机，就会产生目标导向作用，企业员工就会时时以企业精神为标杆来衡量和调整自身的行为，以符合企业的基本要求。

（2）凝聚作用　企业精神为全体员工提供了共同的价值观，因此它对企业员工有着巨大的凝聚作用。

（3）**教育作用** 企业精神的教育作用在于形成企业员工共同信奉的价值观念，企业精神为做好新时期思想政治工作提供了新途径。调整培育健康正确的企业精神能够促进思想政治工作的实效，使企业文化更好地为企业的生产经营服务。

（4）**约束作用** 企业精神的核心内容是价值观，它能够衍生出严格的行为规范和道德标准，对员工的行为起到规范和约束作用。

三、企业形象

企业形象（Corporate Identity）是指人们通过企业的各种标志（如产品特点、营销策略、人员风格等）而建立起来的对企业的总体印象，是企业文化建设的核心。企业形象对企业发展的作用如下：

1) 企业形象是为客户服务的重要组成部分。
2) 良好的企业形象会让客户认为企业具有良好的组织性、高效率、专业化等优点。
3) 良好的企业形象会积极地、正面地影响全体员工，极大地鼓舞全体员工的工作积极性和自豪感，使其更加努力地完成好各项工作任务。
4) 良好的企业形象还会起到"名牌效应"的作用。

四、5W2H 方法与 PDCA 循环

1. 5W2H 方法

5W2H 方法简单、方便，易于理解与使用，目前广泛应用于企业管理和技术活动中。它对于决策和执行性的活动措施也非常有帮助，还有助于弥补考虑问题的疏漏。5W2H 方法的含义见表1-1。

表1-1 5W2H 方法的含义

WHAT	内容	是什么？目的是什么？做什么工作
WHY	目的	为什么？为什么要这么做？理由何在？原因是什么
WHERE	地点	何处？在哪里做？从哪里入手？在何处进行
WHEN	时间	何时？什么时间完成？什么时机最适宜
WHO	人物	谁？由谁来承担？谁来完成？谁负责？和谁一起合作？由谁监督控制
HOW	方法	怎样做？如何提高效率？如何实施？用什么方法进行
HOW MUCH	数量	多少？做到什么程度？数量如何？质量水平如何？多少费用

> **案例**
> "张秘书，请你将这份调研报告复印2份，于下班前送到总经理室交给总经理，请留意复印的质量，总经理要带给客户参考。"

根据5W2H方法对该案例进行任务分解，见表1-2。

可以看出用该方法所传递的信息非常准确，且简明扼要地说明了理由和过程。

表 1-2　运用 5W2H 方法的任务分解

WHAT	做什么	复印调研报告
WHY	为什么	要给客户参考
WHERE	地点	总经理室
WHEN	时间	下班前
WHO	执行者	张秘书
HOW	怎么做	复印品质好
HOW MUCH	工作量	2 份

2. PDCA 循环

PDCA 循环反映了质量管理活动的规律，是提高产品质量、改善企业经营管理的重要方法，是质量保证体系运转的基本方式。它可以概括为"一个过程，四个环节，八个步骤"，一个过程即管理过程，四个环节分八个步骤进行。

(1) PDCA 循环的四个环节

1）计划（P, Plan）。制订质量目标、活动计划、管理项目和实施方案。

2）执行（D, Do）。根据预定计划和措施要求，努力贯彻和实现计划目标和任务。

3）检查（C, Check）。对执行结果和预定目标进行检查，检查计划执行情况是否达到预期的效果，其中哪些措施有效，哪些措施效果不好，成功的经验是什么，失败的教训又是什么，原因在哪里，所有这些问题都应在检查阶段调研清楚。

4）处理（A, Action）。包括两个步骤，根据上阶段检查的结果，肯定成功的经验并制订为标准，以指导实践，对失败的教训也要加以总结整理，记录在案，以供借鉴；把没有解决的遗留问题转入下一个 PDCA 循环，作为下一个阶段的计划目标。

(2) PDCA 循环的八个步骤

1）分析现状，发现问题。

2）分析产生问题的各种原因和影响因素。

3）找出问题的主要原因。

4）针对主要原因，采取解决的措施。

5）按措施计划的要求执行。

6）把执行结果与要求达到的目标进行对比。

7）总结成功的经验，制订相应的标准。

8）把没有解决或新出现的问题转入下一个 PDCA 循环中去解决。

(3) PDCA 循环的三个特点

1）大环套小环。如图 1-3 所示，一环扣一环，小环保大环，推动大循环。如果将整个汽车维修企业的工作比喻为一个大的 PDCA 循环，则不同的职能部门都有各自的小 PDCA 循环。

2）阶梯式上升。PDCA 循环不是停留在一个水平上的循环，每循环一次，就解决一部分问题，取得一部分成果，水平就上升一个台阶，到了下一个循环，就有了新的目标和内容，如图 1-4 所示。

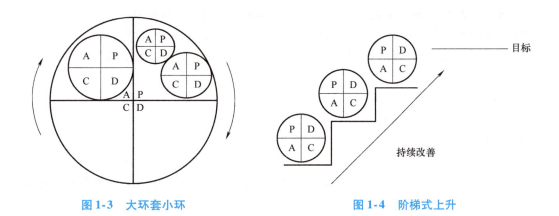

图 1-3 大环套小环　　　　　　图 1-4 阶梯式上升

3）统计的工具。PDCA 循环应用了科学的统计观念和处理方法，是推动工作、发现问题和解决问题的有效工具。

五、5S 活动

生产现场 5S 活动是日本企业率先提出并广泛采用的一种生产现场管理方法。

1. 5S 的内容

5S 即整理（SEIRI）、整顿（SEITON）、清扫（SEISO）、清洁（SEIKETSU）和素养（SHITSUKE）。5S 活动提出的目标简单而明确，就是要为员工创造一个干净、整洁、舒适、合理的工作场所和空间环境，5S 的基础知识见表 1-3。

表 1-3　5S 的基础知识

5S 项目	定　义	说　明	效　果	目　的
整理（SEIRI）	清理杂乱	分类整理，区分要与不要的物品，不要的予以撤除处理	作业现场没有放置任何妨碍工作或有碍观瞻的物品	降低作业成本
整顿（SEITON）	定位定容	规划安置，将要留用的物品加以定位和定容	物品各安其位，可以快速、正确、安全地取得所需要的物品	提高工作效率
清扫（SEISO）	无污无尘	清扫工作场所，把物品、设备、工具等清理干净，并去除污染源	工作场所无垃圾、无污秽、无尘垢	提高产品质量
清洁（SEIKETSU）	保持清洁	保持工作场所无污无尘的状态，并防止污染源的产生	明亮清爽的工作环境	激励员工士气
素养（SHITSUKE）	遵守规范	使员工养成遵守规定、自觉自发的习惯	全员主动参与，养成习惯	防治工作灾害

2. 5S 活动推行步骤

掌握了 5S 的基础知识，尚不具备推行 5S 活动的能力。因推行步骤、方法不当导致 5S 活动事倍功半甚至中途夭折的事例并不鲜见。因此，掌握正确的步骤、方法是非常重要的。5S 活动推行的步骤如下。

（1）成立推行组织　企业领导必须重视此项工作，把 5S 管理纳入议事日程，企业领导任组长，车间、配件、服务主管任组员，可根据需要设立副组长或秘书。

(2) **制订 5S 管理规范、标准和制度**　成立组织后，要制订 5S 规范及激励措施。根据企业的实际情况制订发展目标，组织基层管理人员进行调研和讨论活动，建立合理的规范和激励措施。

(3) **宣传和培训工作**　很多员工认为维修工作的重点是质量和服务，推行 5S 活动是在浪费时间，或者有事不关己的想法等。因此，应做好宣传和培训工作。

(4) **推行**

1) 由最高管理层做总动员，企业正式执行 5S 各项规范，各办公室、车间、货仓等严格执行适用于本场所的 5S 规范；各部门人员都要清楚 5S 规范，并按照规范严格要求自身行为。

2) 此阶段为推行 5S 活动的实质性阶段，推行的具体办法可以是样板单位示范办法，即评选一个示范部门，然后逐步推广；也可以是分段或分片实施（按时间分段或按位置分片）；还可以是 5S 区域责任和个人责任制相结合的办法。

(5) **实施**　按照 5S 规范具体实施。

(6) **检查**　检查分为定期检查和非定期检查。

1) 定期检查。日检：由各部门主管负责，组织班组长利用每天下班前的 10min，对辖区进行 5S 检查，重点是整理和清扫。周检：由各部门经理负责，组织主管利用周末下班前的 30min，对辖区进行 5S 检查，重点是清洁和素养。月检：由总经理牵头，组织部门经理利用月底最后一个工作日下午，对全公司进行 5S 检查。

2) 非定期检查。一般是在维修工作繁忙，接到客户、员工投诉，或者下情上传的渠道受阻时，企业中、高层领导临时对基层进行的 5S 检查。

(7) **考核**

1) 早会考评。利用每天上午上班前的早会时间，简明扼要地对前一天或前一周 5S 检查情况进行小结，表扬做得好的，指出存在的问题和改进的方法。

2) 板报考评。利用统计图表，鲜明直观地将每天、每周、每月的检查评比结果公布于众，让每个员工都知道自己所在的部门、班组的 5S 实施情况。

3) 例会考评。利用每周或每月的生产例会，把 5S 检查的结果作为一个议题在会上进行讲评，重点是树立典型，推广经验，解决有普遍性或倾向性的问题，提出下周或下月 5S 活动的重点和目标。

4) 客户考评。利用客户问卷表、座谈会、意见箱等形式广泛收集、征求客户对本企业 5S 活动的意见。

5) 奖惩考评。按 5S 奖惩制度，对 5S 做得好的部门、班组或个人进行表扬和奖励，对做得差的进行批评和处罚，并把 5S 活动的考评结果与员工的加薪、晋升和聘用直接挂钩。

项目二 售后客户接待与客户分流

任务一 售后前台电话业务受理

 任务目标

1. 掌握接听电话的礼仪，解决来电客户的疑问。
2. 能够及时准确地进行电话转接。
3. 掌握来电客户登记表填写的知识，能够有效地记录客户电话访问信息。

 建议学时

2学时。

 相关知识

一、接听电话的关键要素

1. 本人受话

本人受话是指由本人亲自接听他人打给自己的电话。需要正确把握以下几个要求：

（1）及时接听　接听电话是否及时，反映着服务顾问待人接物的真实态度。听到电话铃声后，服务顾问应准确迅速地拿起听筒，最好在响铃三声之内接听。若因特殊原因许久才接电话，须在通话后马上向发话人表示歉意，如"对不起，刚才比较忙，让您久等了。"

（2）应对谦和　接听电话时，受话人应努力使自己的行为合乎礼仪，注意以下几点：

1) 拿起话筒后，首先向发话人问好，然后自报家门，如"您好！××4S店服务部，您请讲。"

2) 仔细接听，态度热情、亲切、谦恭友好，保持良好的心情，这样即使对方看不见你，但是从语调中也会被你感染，从而给对方留下良好的印象。

3) 在通话时，受话人不宜率先提出中止通话的要求，若有特殊原因不得不中止，可向对方说明原因，表示歉意，并再约一个具体时间，届时由自己主动致电。

4) 约好下次通话时间后，应遵守约定向对方致电。在下次通话开始时，勿忘再次向对方致歉。

（3）**主次分明**　在接听电话时，恰逢另一个来电，切忌置之不理。可先对通话对象说明原因，请其勿挂电话，然后立即接听另一个电话。待接通之后，先请对方稍候，或稍后再来电，随后再继续方才的通话。中间间隔的时间越短越好，否则两方可能会心生不悦。

（4）**待遇同等**　在接听电话时，应一视同仁，一定要注意给予对方同等的待遇，不卑不亢。

2. 代接电话

（1）**尊重隐私**　在代接电话时，切忌询问无关话题，如向发话人询问对方与其所找之人的关系等。当发话人有求于己，要求转达某事给某人时，要严守口风，切勿随意扩散，广而告之。

（2）**记忆准确**　对发话人要求转达的具体内容，应认真做好记录。在发话人说完之后，还应略微把要点重复一下，以验证自己的记录是否足够准确。记录内容应包括对方姓名、联系方式、通话时间、通话要点、是否要求回电话、回电话时间等。

（3）**传达及时**　代接电话的内容应当尽快转达。尽量不要把自己代人转达的内容再托他人转告。

二、电话转接流程

接听客户电话，初步了解客户需求，并记录好客户信息，如果客户指名找××服务顾问，要重复一遍以确认要转接给哪一位服务顾问，如"××服务顾问对吗？这就为您转接，请稍等"。如果有多名同姓员工，一定要用全名来确认。在告诉××服务顾问是谁来电后再转接，确定转接电话有人接听。如果客户找的服务顾问不在，要说"对不起，×××出去了"，并告知大概回来时间，然后再问"您着急吗？""让他给您回电吗？"。如果××服务顾问正在通话，不要让来电客户一直等，而要询问"真不巧，他正在接听他人的电话，我能为您做些什么呢？"。

三、来电客户信息统计

来电客户登记表见表2-1。

表2-1　来电客户登记表

以下由预约人员填写					
预约登记日期		服务助理		预约维修时间	
客户姓名		车牌号		车型	
联系电话		行驶里程		预定服务顾问	
客户描述：					
预约维修内容	工时费用	所需备件		价格	备件状态

（续）

与客户提前一天确认预约	是	否		
预约所需备件是否已准备	是	否		
预约时间是否改变	是	否	新预约时间	
以下由预定服务顾问填写				
预约所需维修技工是否已到位	是	否		
预约所需备件是否已准备	是	否		
与客户提前一小时确认预约	是	否		
填写预约欢迎板	是	否		
预约时间是否已改变	是	否	新预约时间	
取消预约分析	是	否		
客户主动取消预约				
4S店未能执行预约原因				

任务二 到店客户识别与分流

任务目标

1. 学习分流引导的内容，对没有指定服务顾问的客户进行分流。
2. 掌握来店客户登记表填写的知识，能够有效地记录客户来店访问信息。
3. 培养良好的服务意识、较好的语言表达能力和沟通能力。

建议学时

4学时。

相关知识

一、客户识别

1. 客户的心理状态

1）不少客户很不高兴，因为他们的车辆无法正常运行，而且可能是在上班的路上或外出公务的时候出了问题，客户会十分恼火。

2）有很多车辆故障是出乎客户意料的，可能他们有很多紧急的事情要做，而由于车辆的原因，他们不得不来服务站，所以他们心里很着急。

3）当车辆发生故障时，绝大多数客户可能不清楚问题的所在，他们会因找不到故障的原因而十分烦躁。

15

4）有些客户来店后会显得很不安，因为他们对服务站并不了解，不知道服务水平如何，不知道维修水平如何，会不会发生欺骗消费者现象等，这些都是会让他们产生疑虑的问题。

5）很多的客户没有多少耐心等待车辆修好，因此他们十分在意能否按照约定的维修时间交车。

2. 客户的期望

1）服务可靠，服务顾问能够兑现在各个服务环节的承诺。

2）服务顾问能够礼貌、友好、平等地对待每一位客户，不会因为客户初次到来就有所轻慢。

3）服务顾问应具备车辆维护方面的专业知识，能够对故障车辆提出专业性的维修建议，并中肯地推荐服务项目。

4）维修的价格要合理。

5）能够提供全面的服务和优质的修理，服务氛围良好。

二、客户分流引导

客户来到店内，初步了解客户需求，并记录好客户信息，如果客户指名找×××服务顾问，要重复一遍要找哪一位服务顾问，"×××服务顾问是吗？我这就带您去，请随我来"；如果×××服务顾问正在服务其他客户，要说："真不巧，他（她）正在接待别的客户，我能为您做些什么吗？"

如果客户没有指定服务顾问，需要对客户进行分流，将客户引至合适的服务顾问，要说："您稍等，我马上安排服务顾问接待您。"

三、来店客户信息统计

来店客户登记表见表2-2。

表2-2　来店客户登记表

以下由预约人员填写					
预约登记日期		服务助理		预约维修时间	
客户姓名		车牌号		车型	
联系电话		行驶里程		预定服务顾问	
客户描述：					
预约维修内容	工时费用		所需备件	价格	备件状态
与客户提前一天确认预约	是	否			
预约所需备件是否已准备	是	否			
预约时间是否改变	是	否	新预约时间		

(续)

以下由预定服务顾问填写					
预约所需维修技工是否已到位	是	否			
预约所需备件是否已准备	是	否			
与客户提前一小时确认预约	是	否			
填写预约欢迎板	是	否			
预约时间是否已改变	是	否	新预约时间		
取消预约分析	是	否			
客户主动取消预约					
4S店未能执行预约原因					

  小资料

来店客户登记表填写说明：

1）车型：一定要填写车型代码。

2）联系电话：最好有移动电话和固定电话，以便再次确认时能够联系到客户。

3）行驶里程：填写精确。

4）客户描述：填写服务顾问陪同客户确认的故障现象，避免维修人员发生误解。

5）预约维修内容：如是多个项目的，应按项目顺序排列，以对应"工时费用""所需配件""价格""配件状态"等内容。

6）"与客户提前一天确认预约""预约所需备件否已准备""预约时间是否改变"等内容，在"是""否"上画"√"。

7）如预约时间更改，必须填写新预约时间。

任务三　售后服务接待礼仪

 任务目标

1. 能够认识到礼仪的重要性和必要性。
2. 能够做到仪容仪表规范。
3. 能够规范日常行为动作。

 建议学时

4学时。

 **相关知识**

一、礼仪概述

1. 礼仪的定义

礼仪是人类社会生活中在语言行为方面的一种约定俗成的符合礼的精神，要求每一个社会成员共同遵守的准则和规范。也可以通俗地认为，礼仪是人们在长期的生活实践中，在语言行为方面由于风俗习惯而形成的为大家所共同遵守的准则。

2. 礼仪的作用

（1）**尊重** 礼仪可表示对对方的尊敬、敬意，同时对方也还之以礼。礼尚往来，有礼仪的交往行为蕴含着彼此的尊重。

（2）**约束** 礼仪作为行为规范，对人们的社会行为具有很强的约束作用。任何一个生活在某种礼仪习俗和规范环境中的人，都自觉或不自觉地受到该礼仪的约束。

（3）**教化** 礼仪作为一种道德习俗，它对全社会的每个人都有教化作用，都在施行教化。礼仪的形成、完备和凝固会成为一定社会传统文化的重要组成部分，世代相继、世代相传。

（4）**调节** 礼仪具有调节人际关系的作用。一方面，礼仪作为一种规范、一种文化传统，对人们之间相互关系起着规范、约束和及时调整的作用；另一方面，某些礼仪形式、礼仪活动可以化解矛盾，建立新关系模式。

二、仪容仪表

仪容通常是指人的外观、外貌。在人际交往中，每个人的仪容都会引起交往对象的特别关注，并将影响到对方对自己的整体评价。

仪表指人的外表，它包括形体、容貌、姿态、举止、服饰和风度等方面。风度是构成仪表的核心要素，它是指接人待物时，一个人的德才学识等各方面内在修养的外在表现。

1. 仪容的修饰

为了维护自我形象，有必要修饰仪容。在仪容的修饰方面应注意以下事项。

（1）**干净** 要勤洗澡、勤洗脸，脖颈、双手都应干干净净，并经常注意去除眼角、嘴角及鼻孔的分泌物。要勤换衣服，消除身体异味。

（2）**整洁** 整洁即整齐洁净、清爽。要使仪容整洁，重在持之以恒。

（3）**卫生** 讲究卫生是公民的义务。应注意口腔卫生，早晚刷牙，饭后漱口，不能当着客户的面嚼口香糖；指甲要常剪，头发按时理，不得蓬头垢面、体味熏人。

（4）**简约** 仪容既要修饰，又忌讳标新立异，简练、朴素为佳。

（5）**端庄** 仪容庄重大方、斯文儒雅，不仅会给人以美感，还易于赢得他人的信任。

2. 仪表的修饰

仪表修饰一般应遵循以下原则。

（1）**适体性原则** 要求仪表修饰与个体自身的性别、年龄、容貌、肤色、身材、体型、个性、气质及职业身份等相适宜、相协调。

（2）**TPO原则** 时间（Time）、地点（Place）、场合（Occasion）原则简称TPO原则，

即要求仪表修饰因时间、地点、场合的变化而相应变化，使仪表与时间、环境氛围、特定场合相协调。

（3）**整体性原则**　要求仪表修饰先着眼于整体，再考虑各个局部的修饰，促成修饰与人自身的诸多因素之间协调一致，使之浑然一体，营造出整体风采。

（4）**适度性原则**　要求仪表修饰无论在修饰程度，还是在饰品数量和修饰技巧上，都应把握分寸，自然适度，追求虽刻意雕琢但又不露痕迹的效果。

3. 仪容仪表要求

仪容仪表各环节要求见表2-3。

表 2-3　仪容仪表各环节要求

部　位	规　范　要　求
头发	洁净、整齐，无头屑，不染发，不做奇异发型；男性不留长发，女性不留披肩发，也不用华丽头饰
眼睛	无眼屎，无睡意，眼不充血、不斜视；眼镜端正、洁净明亮；不戴墨镜或有色眼镜；女性不画眼影，不用人造睫毛
耳朵	内外干净，无耳屎；女性不戴耳环
鼻子	鼻孔干净，不流鼻涕，鼻毛不外露
胡子	胡子刮干净或修整齐，不留长胡子，不留八字胡或其他奇形怪状的胡子
嘴	牙齿整齐洁白，口中无异味，嘴角无泡沫，会客时不嚼口香糖等食物；女性不用深色或艳丽口红
脸	洁净，无明显粉刺；女性施粉适度，不留痕迹
脖子	不戴项链或其他饰物
手	洁净；指甲整齐，不留长指甲；不涂指甲油，不戴结婚戒指以外的戒指
帽子	整洁、端正，颜色与形状符合自己的年龄与身份
衬衣	领口与袖口保持洁净；扣上风纪扣，不要挽袖子；质地、款式及颜色与其他服饰相匹配，并符合自己的年龄、身份和企业形象
领带	端正整洁，不歪不皱；质地、款式及颜色与其他服饰匹配，符合自己的年龄、身份和企业形象，不宜过分华丽和耀眼
西装	整洁笔挺，背部无头发和头屑；不打皱，不过分华丽；与衬衣、领带和西裤匹配；与人谈话或打招呼时，将第一个纽扣扣上；上口袋不要插笔，所有口袋不要因放置钱包、名片、香烟、打火机等物品而鼓起来
胸饰与女性服装	胸卡、徽章佩戴端正，不要佩戴与工作无关的胸饰；服装整洁无皱，穿职业化服装，不穿时装、艳装、晚装、休闲装、透明装、无袖装和超短裙
皮带	高于肚脐，松紧适度，不要选用怪异的皮带扣
鞋袜	鞋袜搭配得当；系好鞋带；鞋面洁净亮泽，无尘土和污物；不宜钉铁掌，鞋跟不宜过高、过厚和怪异。袜子干净无异味，不露出腿毛；女性穿肉色短袜或长筒袜，袜子不要褪落和脱丝

三、基本仪态

仪态泛指人们的身体所呈现出来的各种姿势，包括表情、站姿、坐姿、蹲姿、行姿等，以及身体展示的各种日常行为动作。用优美的仪态表现礼仪，比用语言更让受礼者感到真实、美好和生动。工作中应注意自己的仪态，这不但是自我尊重和尊重他人的表现，也能反映出自身的工作态度和责任感。

1. 表情

表情的要求见表 2-4。

表 2-4　表情的要求

待人谦恭	表情神态可以很直观地看出待人谦恭与否，备受客户的重视。所以务必要使自己的表情神态于人恭敬、于己谦和
表情友好	对于任何客户，皆应友好相待
适时调整	表情应与现场的氛围和实际需要相符合
真心实意	表情出自于真心，才能做到表里如一

另外，人的眼睛是心灵的窗户，眼神有助于情感的表达，眼神的运用见表 2-5。

表 2-5　眼神的运用

注视的部位	眼睛	问候对方、听取诉说、征求意见、强调要点、表示诚意、向人道贺或与人道别皆应注视对方的双眼，但注视时间不宜过久
	面部	与对方较长时间交谈时，可注视对方的面部，但不要聚集于一点，以散点柔视为宜
	全身	与客户距离较远时，应注视对方的全身。站立服务时，往往会有此必要
	局部	根据实际需要对对方身体的某一部位多加注视。如在递接物品时，应注视对方手部。注意：如没有任何合理理由，不得注视打量对方的头顶部、胸部、腹部、臀部或大腿，这些都是失礼的表现
注视的角度	平视	与对方正面相向、高度相似，眼光可停留在对方脸部三角区，即眉骨、鼻梁之间
	侧视	位于对方一侧，可面向对方，平视对方。关键在于面向对方，否则即为斜视，是很失礼的
	仰视	位置较对方低，需要抬头向上仰视对方，仰视可给予对方重视信任之感
兼顾多方		给予每位客户以适当的注视，使其不会产生被疏忽、被冷落之感

2. 站姿

（1）**站姿的要求**　站姿的基本要求是挺直、舒展、线条优美、精神焕发。站立时，上下看要有直立感，即以鼻子、肚脐为中线的人体大致垂直于地面；左右看要有开阔感，即肢体和身段给人舒展的感觉；侧面看也要有直立感，即从耳朵到脚踝骨所形成的直线也大致垂直于地面，如图 2-1 所示。

（2）**具体的站姿**　男士站立时，要表现出刚健、强壮、英武、潇洒的风采。具体要求是：下颌微收，双目平视，身体立直，挺胸抬头，挺髋立腰，吸腹收臀，双膝并严，双脚靠紧，双手置于身体两侧，自然下垂；也可以脚跟靠近，脚掌分开呈"V"字形；或者双腿分开，

a) 女士标准站姿　　b) 男士标准站姿

图 2-1　标准站姿

双脚平行，但不可超过肩宽，双手叠放于身后，掌心向外，但背手有时会给人盛气凌人的感觉，在正式场合或者有领导和长辈在场时要慎用。

女士站立时，要表现出轻盈、娴静、典雅、优美的韵味。具体要求是：身体立直，挺胸收腹，双手自然下垂（也可相叠或相握放在腹前），双膝并严，双脚并拢；也可以脚跟并拢，脚尖微微张开，两脚尖之间大致相距10cm，其张角约为45°，形成"V"字形；或者双脚一前一后，前脚脚跟紧靠后脚内侧足弓，形成"丁"字形。

（3）站姿的调整

1）同他人站着交谈时，如果空着手，男士可以双手相握或叠放于身后，女士可以双手相握或叠放于腹前。

2）身上背着背包时，可利用背包摆出高雅的姿势，如用手轻扶背包或夹着背包的肩带。

3）身着礼服或旗袍时，绝对不要双脚并列站立，而要一前一后，相距5cm左右，以一只脚为重心。

4）向他人问候、介绍、握手、鞠躬时，双脚要并立，相距约10cm，膝盖要挺直。

5）等待时，双脚的位置可以一前一后，保持45°，肌肉放松而自然，但仍保持身体的挺直。

6）站立过久时，可以把脚后撤一小步，后脚脚跟可以稍微抬起，身体的重心置于前脚上。

（4）站立时禁忌的姿势

1）手部错位。站立时双手可以做一些适当的动作来配合谈话内容，帮助对方理解，但双手的动作宜少不宜多，宜小不宜大，切不可做一些乱指乱点、乱动乱摸、乱举乱扶、将手插入裤袋、左右交叉抓住胳膊压在胸前、摆弄小东西、咬手指甲等不合礼仪要求的动作。

2）脚部错位。站累时可以把身体的重心从双脚挪到任何一只脚上，但不可弯曲膝盖或把双脚摆成外八字，如图2-2所示。

图2-2　男士不雅站姿

3）腿部错位。站立时双腿不可分开过宽，不可交叉形成别腿，不可使腿部错位，更不可抖动腿部。

4）上身错位。上身不可自由散漫，东倒西歪，随意倚靠，或肩斜、胸凹、腹凸、背驼、臀撅，显得无精打采，萎靡不振，如图2-3所示。

5）头部错位。脖子没有伸直，使得头部向左或向右歪斜，头仰得过高或压得过低，目光斜视或盯视，表情僵硬等。

3. 坐姿

坐姿是指就座之后所呈现的姿势。"坐如钟"是指人在就座之后要像钟一样稳重，不偏不倚，它也是一种静态美。坐姿是人们在生活工作中采用得最多的一种姿势。

（1）入座的要求　入座时讲究先后顺序，礼让尊长，切勿争抢；一般从左侧走到自己的座位前，转身后把右脚向后撤半步，

图2-3　女士不雅站姿

轻稳坐下，然后把左脚与右脚并齐；穿裙装的女士入座，通常应先用双手拢平裙摆，再轻轻坐下；在较为正式的场合，或者有尊长在座的情况下，一般坐下之后不应坐满座位，大约占据三分之二的座位即可。

(2) 坐定的要求

1) 头部端正。坐定时要求头部端正，可以扭动脖子，但不能歪头；眼睛正视交谈对方，或者目视前方，目光柔和，表情自然亲切。

2) 上半身伸直。上半身自然伸直，双肩平正放松，双臂自然弯曲，双手既可以放在大腿上，也可以放在椅子或沙发扶手上，掌心一定要向下。

3) 下半身稳重。双腿自然弯曲，双脚平落地面，在极正规的场合，上身与大腿、大腿与小腿，均应为直角，即所谓"正襟危坐"。

(3) 坐定的姿势

1) 男士的坐姿。男士坐定后，头部和上半身的要求与站姿一样，同时双腿、双脚并拢，形成"正襟危坐"；双腿、双脚也可以张开一些，但是不能宽于肩部，如图2-4所示。

2) 女士的坐姿。女士坐定后，头部和上半身的要求也与站姿一样，但更强调要双腿并拢，双膝可向左或向右略微倾斜，如图2-5所示。

(4) 坐定时禁忌的姿势

1) 身体歪斜。如前倾、后仰、歪向一侧等。

2) 头部不正。如左顾右盼、摇头晃脑等。

3) 手部错位。如双手端臂，双手抱于脑后，双手抱住膝盖，用手浑身乱摸、到处乱敲，双手夹在大腿间等。

4) 腿部失态。如双腿叉开过大、抖动不止、架在其他地方、高翘"4"字形腿（一只脚放在另一条腿的膝盖上，脚踝骨接触膝盖，鞋底朝向身体外侧）、直伸开去等。

5) 脚部失态。如坐定后脱下鞋袜，用脚尖指人或脚尖朝上使别人能看见鞋底，把脚架在高处，双脚摆成内八字，双脚不停抖动等。

图2-4　男士的坐姿

图2-5　女士的坐姿

4. 蹲姿

蹲姿在工作和生活中用得相对较少，但最容易出错。

(1) 蹲姿的具体要求

1) 高低式蹲姿。下蹲时一只脚在前，另一只脚稍后（不重叠），双腿靠紧向下蹲。前脚全脚掌着地，后脚脚跟抬起，脚掌着地。后膝低于前膝，后膝内侧靠于前小腿内侧，臀部向下，基本上以后腿支撑身体，如图2-6所示。男士选用这种蹲姿时，两腿之间可有适当距离。

2) 男女蹲姿的不同。男士一般采用高低式蹲姿，女士可采用高低式蹲姿或者交叉式蹲姿。

(2) 蹲姿的禁忌　采用高低式蹲姿时，双腿不应分开过大，尤其是着裙装的女士，如图2-7所示；双腿分开过大且双腿一样高也十分不雅。

a）女士标准蹲姿　　　　b）男士标准蹲姿

图 2-6　标准蹲姿　　　　　　　　　　图 2-7　女士不雅蹲姿

5. 行姿

行姿，也称走姿，指人们在行走的过程中所形成的姿势。

（1）行姿的具体要求　标准行姿如图 2-8 所示。

1）重心落前。在起步行走时，身体应稍向前倾，身体的重心应落在反复交替移动的前脚脚掌之上。要注意的是，当前脚落地、后脚离地时，膝盖一定要伸直，踏下脚时再稍微松弛，并即刻使重心前移，这样行走时步态才会好看。

2）全身协调。行走过程中，要面朝前方，双眼平视，头部端正，胸部挺起，背部、腰部、膝部尤其要避免弯曲，使全身形成一条直线。

3）摆动双臂。行走时，双肩、双臂都不可过于僵硬呆板，双肩应当平稳，双臂则应自然地、一前一后地、有节奏地摆动。在摆动时，

图 2-8　标准行姿

手腕要进行配合，掌心向内，手腕自然伸直，摆动的幅度以 30°左右为佳。

4）脚尖前伸。行走时，应保持脚尖向前，不要向内或向外，同时还应保证步幅（行进中一步的长度）大小适中。通常情况下，步幅应为一脚之长，即行走时前脚脚跟与后脚脚尖之间的距离。

5）协调匀速。行走时，在某一阶段中速度要均匀，要有节奏感。另外，全身各个部位要相互协调、配合，要表现得轻松、自然。

6）直线前进。女士的行走轨迹应呈一条直线，男士的行走轨迹应呈两条平行线。与此同时，要克服身体在行走时的左右摇摆。

（2）行走时禁忌的姿势

1）瞻前顾后。在行走时，要目视前方，不应左顾右盼，尤其不应反复回头注视身后。

2）双肩乱晃。在行走时，应避免双肩左右摇晃而使身体也随之乱晃。

3）八字步态。在行走时，不要使双脚脚尖向内或向外呈八字步。

4）速度多变。行走时，切勿忽快忽慢。

5）声响过大。行走时用力过猛，脚步声响太大会妨碍他人或惊吓他人。

6）方向不定。在行走时，方向要明确，不可忽左忽右，变化多端，显得心神不定。

7）不讲秩序。在行走时，要遵守交通规则，靠右行走，礼让他人。

8）人群中穿行。在行走时，如果想超过他人，可从其左侧通过；如果迎面有人，应各自靠右行走，不可从迎面人群中间穿行。

9）边走边吃。一边走，一边吃，既不卫生，又不雅观。

四、基本礼仪规范

1. 基本用语

有客户来访或遇到陌生人时，应使用文明礼貌语言。礼貌用语规范见表2-6。

表2-6 礼貌用语规范

情 景	规 范
问候语	早上好、您早、晚上好、您好、大家好……
致谢语	谢谢、非常感谢、谢谢您、十分感谢……
拜托语	请多关照、承蒙关照、麻烦您了、拜托了……
慰问语	辛苦了、受累了……
赞赏语	很好、太好了、真棒……
谢罪语	对不起、劳驾、实在抱歉……
挂念语	身体好吗？近来怎样？……
祝贺语	祝您成功、身体健康、一帆风顺……
理解语	只能如此、深有同感……
迎送语	欢迎光临、见到您很高兴、再见、慢走、走好、欢迎再来……
征询语	我能为您做些什么？需要帮助吗？您觉得这车怎么样？您是不是很喜欢这种颜色？……
应答语	是的、我会尽量按您的要求去做、没关系、不必客气……
婉辞语	很遗憾，不能帮您的忙……

2. 人际距离

人际距离指交往对象彼此之间在空间上所形成的间隔，即交往对象相距的远近，人际距离规范见表2-7。

表2-7 人际距离规范

场 景	规 范
服务距离	一般情况下，服务距离以0.5~1.5m为宜
展示距离	进行展示时，既要使客户看清自己的操作示范，又要防止对方对自己的操作示范有所妨碍，展示距离在1~3m为宜
引导距离	在行进客户左前方1.5m左右最为适当
待命距离	方便随时为客户提供服务，正常情况下应在3m之内
信任距离	服务顾问不能离开客户的视线
交谈距离	个人交谈的最佳距离为1~1.5m，两人可斜站对方侧面，以30°角为宜，避免面对面。这个距离和角度，既无疏远之感，又文明卫生。另外，在交谈中，如偶然咳嗽要用手帕遮住口鼻，不能直对前面，更不能随地吐痰

3. 介绍礼仪

（1）**自我介绍**　自我介绍的基本程序是先向对方点头致意，得到回应后再向对方介绍自己的姓名、身份和单位，同时递上准备好的名片。自我介绍时，表情要坦然、亲切，注视对方，举止庄重大方，态度镇定而充满信心，表现出渴望认识对方的热情。

（2）**介绍他人**　介绍他人是经第三者为彼此不相识的双方引见、介绍的一种介绍方式。介绍他人通常是双向的，即将被介绍者双方均做一番介绍。做介绍的人一般是主人、朋友或公关人员。

> **小资料**
>
> 介绍他人时，必须按"尊者优先"的原则。把年轻者介绍给年长者，把职务低者介绍给职务高者，如果双方年龄、职务相当，则把男士介绍给女士，把家人介绍给同事、朋友，把未婚者介绍给已婚者，把后来者介绍给先到者。

介绍规范见表2-8。

表2-8　介绍规范

介绍类型	相应内容	示例
自我介绍	公司名称、职位、姓名	您好，我是某某公司的服务顾问，我叫某某
	给对方一个自我介绍的机会	请问，我应该怎样称呼您呢？
介绍他人	顺序：把职位低者、晚辈、男士、未婚者分别介绍给职位高者、长辈、女士和已婚者	王总，这是我公司的服务顾问某某
	国际惯例敬语（姓名和职位）	王总，请允许我向您介绍
	被介绍者应面向对方，介绍完毕后与对方握手问候	您好！很高兴认识您！

4. 握手礼仪

握手是日常工作中最常使用的手势礼仪，是交际的一个重要部分。握手的力量、姿势和时间长短往往能够表达出对握手对象的不同礼遇和态度，显露自己的个性，给人留下不同的印象，也可通过握手了解对方的个性，从而赢得交际的主动。

（1）**握手的要求**　通常，与人初次见面、熟人久别重逢、告辞或送行时，都可以握手表示自己的善意。有些特殊场合，如向人表示祝贺、感谢或慰问时，双方交谈中出现了令人满意的共同点时，双方原先的矛盾出现了某种良好的转机或彻底和解时，习惯上也以握手为礼。

握手时，距对方约一步远，上身稍向前倾，双脚立正，伸出右手，四指并拢，虎口相交，拇指张开下滑，向受礼者握手。掌心向下握住对方的手，显示着一个人强烈的支配欲，无声地告诉别人他处于高人一等的地位，所以应尽量避免这种傲慢无礼的握手方式。平等而自然的握手姿态是双方的手掌都处于垂直状态，这是一种最普通也最稳妥的握手方式，如图2-9所示。

图2-9　握手方式

握手时应按一定的先后顺序伸手，一般顺序为上级在先、主人在先、长者在先、女性在先。握手时间一般控制在 3~5s 之间为宜。握手力度不宜过大或毫无力度，要注视对方并面带微笑。一人面对多人，不方便一一握手时，可以用点头礼、注目礼、招手礼代替。

（2）**握手禁忌** 握手时常见的几种错误如图 2-10 所示。

　　a）交叉握手　　　　b）与第三者说话　　　c）摆动幅席太大　　　d）戴手套或手不清洁

图 2-10 握手时常见的错误

5. 鞠躬礼仪

鞠躬是表达敬意、尊重、感谢的常用礼仪。鞠躬时，应从心底对对方表示感谢、尊重，从而体现于行动，给对方留下诚恳、真实的印象。

鞠躬要在优雅站立的基础上实现。行鞠躬礼应停步，两臂自然下垂，躬身 15°~30°，头跟随向下，并致问候语，如图 2-11 所示。与客户交错而过时，应面带笑容，可行 15°鞠躬礼，以示打招呼；迎送客户时，可行 30°鞠躬礼；感谢客户或初次见到客户时，可行 45°鞠躬礼。

鞠躬时不可采用以下方式：边工作边鞠躬；戴着帽子鞠躬；点头式鞠躬；看着对方鞠躬；一边摇晃身体一边鞠躬；双腿没有并齐；后背未挺直；鞠躬速度太快；上身不动，只弯曲膝盖、歪歪头的"丫鬟式"鞠躬；起身过快。

6. 名片礼仪

名片是重要的社交工具之一。名片通常包含两方面的意义，一是标明所在的单位，另一个是表明职务、姓名及承担的责任。

图 2-11 鞠躬

（1）**名片的准备** 名片不要和钱包、笔记本等放在一起，原则上应该使用名片夹；名片可放在上衣口袋，但不可放在裤兜里；要保持名片或名片夹的清洁、平整。

（2）**递出名片**

1）递名片的次序是由下级或访问方先递名片，如遇介绍，应由先被介绍方递名片。

2）递名片时，应双手递出，并报出自己的姓名，说些"请多关照""请多指教"之类的寒暄语。

3）互换名片时，应用右手拿着自己的名片，左手接到对方名片后，用双手托住，认真看一下对方的职务、姓名等。

4）遇到难认的字，应事先询问，避免错叫对方的姓名。

5）如在会议室遇到多人相互交换名片，可按对方座次交换名片。

（3）接收名片

1）应起身并用双手接收名片。

2）接收名片时，应认真地看名片上的信息。

3）接收的名片不可来回摆弄，不要将对方的名片遗忘在座位上或存放时不注意落在地上。

7. 拜访礼仪

拜访客户礼仪规范见表2-9。

表2-9 拜访客户礼仪规范

步　骤	规　范
约定时间和地点	事先致电说明拜访的目的，并约定拜访的时间和地点；不要在客户刚上班、快下班、异常繁忙、正在开重要会议时去拜访，也不要在客户休息和用餐时间去拜访
准备工作	准备拜访时可能用到的资料；注意仪容仪表；检查各项携带物是否齐备，如名片、笔和记录本、合同等；明确谈话主题、思路
出发前	最好与客户通电话确认，以防临时发生变化；选好交通路线，算好出发时间，确保提前5～10min到
见到拜访客户	如拜访客户所在地关着门，应先敲门，待客户允许后再进入；问候客户，待客户安排后落座；客户请人奉上茶水或咖啡时，应表示谢意
会谈	注意称呼、遣词用语、语速、语气、语调；会谈过程中，如无急事，不打电话或接电话
告辞	根据客户的反应和态度来确定告辞的时间和时机；说完告辞就应起身离开座位，不要久说久坐不走；感谢客户的接待；握手告辞；如门原来是关闭的，出门后应轻轻把门关上；客户如要相送，应礼貌地请客户留步

8. 办公礼仪

在办公场所接待客人、洽谈业务时，有许多场合需要用到下列礼仪，掌握这些礼仪规范将使服务顾问的工作更加自如顺利，客户也会有宾至如归的感觉。常见办公礼仪规范见表2-10。

表2-10 常见办公礼仪规范

情　景		注意事项
引　导		应走在客户左前方约1.5m处，让客户走在路中央；与客户的步伐保持一致；引导时要注意客户，适当地做些介绍；转弯或有楼梯台阶的地方应使用手势，并提醒客户"这边请"或"注意楼梯"等
开门次序	向外开门时	先敲门，打开门后把住门把手，站在门旁，对客户说"请进"并施礼；进入房间后，用右手将门轻轻关上；请客户入座，安静退出，此时可用"请稍候"等语言
	向内开门时	开门后，自己先进入房间；侧身，把住门把手，对客户说"请进"并施礼；轻轻关上门，请客户入座后，安静退出

（续）

情 景		注意事项
搭乘电梯	电梯内没有其他人时	在客户之前进入电梯，按住"开"的按钮，再请客户进入电梯；到大厅时，按住"开"的按钮，请客户先下
	电梯内有其他人时	无论上下，都应让客户、领导优先
	电梯内	先上电梯的人应靠后面站，以免妨碍他人乘电梯；电梯内不可大声喧哗或嬉笑吵闹；电梯内已有很多人时，后进的人应面向电梯门站立
办公室	进入他人办公室	必须先敲门，再进入；已开门或没有门的情况下，应先打招呼，如"您好""打扰一下"等，再进入
	传话	传话时不可交头接耳，应使用记事便签传话
	会谈中途有上司到来时	必须起立，将上司介绍给客户；向上司简单汇报一下会谈的内容，然后重新开始会谈

项目三 售后服务接待核心流程

任务一 日常维护业务接待流程

 任务目标

1. 掌握预约工作的相关技能。
2. 能够熟知车辆的维护类型，并能完成维护车辆预检的具体工作内容。
3. 能够熟知日常维护作业的流程，并能熟练填写相应工单。
4. 能够掌握完工检查的工作流程及实施规范。
5. 能够熟知结算交车、回访服务的工作流程。

 建议学时

8学时。

 相关知识

一、客户预约

预约既能让客户免受等待之苦，又可以让4S店根据实际情况分流高峰期，使一天中的维护流程相对均衡，从而提高服务质量和客户满意度，更能缩短维护工时和客户的等待时间。

1. 客户预约的工作流程及要素

（1）**维护提醒** 服务顾问通过使用客户管理卡和计算机中存储的客户档案信息，在合适的时间向客户提供按期维护提醒服务。

 小提示

维护提醒的步骤：
1) 通过客户管理卡和计算机中存储的客户档案，根据客户车辆上次维护日期和行驶里程，计算出下次维护日期。
2) 在下次维护日前13日，确认需要致电提醒车辆需要做维护的客户。

3）使用客户管理卡，在下次维护日前13日，通过发送手机短信、电子邮件等形式对客户进行提醒。

4）客户收到邮件和手机短信之后，在下次维护日前11日，致电提醒客户下次到店维护。

致电前，服务顾问需确认客户车辆之前维修维护的记录；及时联系客户，提醒客户其车辆下次维护日期及维护内容；询问客户最新的行驶里程并输入系统；记录客户其他特殊需求。如果客户有到店维护的需求，服务顾问需对客户进行临时预约，确认客户到店时间，确认维护内容及客户的其他需求。

(2) 预约准备

1）致电。对在第一次致电提醒客户车辆维护时，还没有做出决定的客户，进行第二次致电；再次提醒客户车辆进行下一次维护的日期，同时向客户确认是否有预约到店的意向。如果客户有意向，服务顾问应立即进行临时预约，确认客户到店时间，确认维护内容及客户的其他需求。

> **小提示**
>
> 二次致电的注意事项：如果在第一次致电客户时，客户明确表示不需要进行下一次维护或预约，则不需要进行第二次致电；第二次致电应保证在零件备货期前进行，以保证零件部门有充足的时间准备零件，当预约所需的零件需要订货时，服务顾问应及时协商调整预约时间，保证能在客户预约的到店日前将零件准备好。

2）准备。预约准备是针对达成临时预约的客户需要进行的准备工作。

预约准备的内容：制作、打印维修委托书、估算单和零件出库单；确认零件库存，当零件库存不足时，需要进行零件订货；向零件部门确认零件到货时间，若不能在客户预约日期前到货，则需向客户重新预约时间。

3）零件准备。零件准备是指服务顾问将维修委托书、估算单、零件出库单递交技术总监，进行零件准备。

4）移交维修技师。移交维修技师是指服务顾问根据维修委托书，确认客户车辆预约到店日期及预约工位、维修技师，将维修委托书和零件出库单递交相应的维修技师；同时，将估算单插入维修车辆治理板的"维修准备"槽中。估算单在维修车辆治理板的"维修准备"槽中的排列顺序应根据预约日期的先后顺序和预约准备的紧急程度，按重要性从上至下依次排列。

5）维修准备。维修准备是指维修技师根据维修委托书及零件出库单确认维修项目及所需零件；向零件部门领取所需零件，放置在预约准备货架的零件准备小筐内；根据预约车辆车牌号码、预约到店日期、负责维修技师等制作标签，张贴于零件准备小筐上；根据领取零件在零件出库单上就零件出库状态做出确认，将维修委托书、零件出库单递交至技术总监。

6）完成准备。技术总监收到维修委托书、零件出库单，确认零件准备完成后，将估算单从"维修准备"槽中抽出一齐递交服务顾问，告知预约准备已经完成。在当天工作开始时，技术总监应检查确认之前的预约准备已经完成，检查需要进行准备的代步车辆。

(3) 预约确认

1）零件准备确认。收到技术总监递交的维修委托书、估算单、零件出库单后，服务顾问应根据零件出库单的库存确认零件是否已准备齐全。

2）预约准备确认。服务顾问将已经打印好的预约车辆的维修单据分别用透明文件夹分单收集，将已经做好预约准备的文件夹按不同预约到店日进行分类存放。在客户预约到店日之前两日，服务顾问应对所有预约准备好的文件夹进行核对确认。若有车辆预约准备未完成，应向技术总监确认能否按时完成准备。

3）客户预约确认。确认预约准备完成后，服务顾问应在预约到店日前两日对已临时预约的客户再次致电，进行预约确认。当客户能按预约时间到店时，确认正式预约。当客户要求更改预约时间时，进行重新预约。如果客户要求重新预约的时间不能铺排，则应向客户提供能够预约的时间。服务顾问在进行客户预约确认时应注意：尽可能将预约安排在空闲时间，避开上午的繁忙时段及傍晚；留20%的车间容量应付简易修理、紧急修理、前一天遗留下来的修理及不可预见的延误；将预约间断（如间隔15min），防止重叠；与安全有关的、返修客户及投诉客户的预约应予以优先安排；当订货零件不能在预约到店日到货时，应及时通知客户，建议客户更改预约时间。

(4) 预约的分类　预约分为主动预约和被动预约两类。

1）主动预约。维修企业定期对客户进行电话访问，及时了解车辆使用状况，提出合理的维修建议，根据客户的时间和维修企业的生产情况进行合理安排，这种预约方式称为主动预约。

服务顾问主动预约客户能使维修企业工作负荷分摊均匀，防止维修站超负荷工作或负荷不足。

主动预约不但体现了维修企业对客户的关怀，增进了企业与客户之间的感情交流，而且可向客户展示维修企业的服务形象、增加维修企业的业务量、提高企业营业收入。

2）被动预约。被动预约是指客户主动来电进行车辆维修维护预约。这对维修企业而言是被动的，称为被动预约。

被动预约能够避免随机维修所带来的配件缺货、维修站负荷过大等原因造成的排队现象。

客户预约流程如图3-1所示。

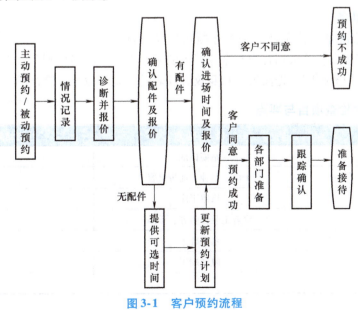

图3-1　客户预约流程

2. 预约登记表的填写

大多数维修企业都有其专用的预约登记表，服务顾问需要在客户允许的情况下，准确、详细地填写好预约登记表。某维修企业预约登记表见表3-1。

表3-1 预约登记表

服务顾问：_____　　　　　　　　　　　　　　　　　　　_____年___月___日

客户基本情况				
客户姓名：			联系电话：	
车型：			行驶里程：	
车牌号码：			上次进站日期：	
预约情况				
预约进站时间	年　月　日　时　分		预约交车时间	年　月　日　时　分
预约内容				
客户描述：				
故障初步诊断：				
所需配件（零件号）、工时：				
维修费用估价：				
客户其他需求：				
预约上门取车时间		年　月　日　时　分		
预约上门交车时间		年　月　日　时　分		
取车人/交车人签名：			客户或交接人签名：	
备注：				

二、接车与客户接待

1. 客户接待准备

（1）仪容仪表准备　接车环节是服务顾问与客户的首次接触，接车时服务态度的好坏直接关系到客户对企业服务的满意程度。在客户到来前准备迎接时，服务顾问首先需要对自身仪容仪表进行规范检查，检查项目与要点见表3-2。

扫一扫

接车与客户接待

表3-2 仪容仪表检查项目与要点

检查项目	检查要点	检查结果及评价
姿态	站姿标准	
面部	干净、精神，面带笑容	
手	指甲干净	
服装	穿着工装，整齐、干净	
鞋子	系好鞋带	
工作牌	佩戴端正	
其他		

（2）文件和工具准备

1）按工作流程要求检查所有工作单据（预约登记表、问诊预检单、维修委托书、维护表单等）是否齐全。

2）检查接待前台电脑以及打印机的工作状况。

3）检查对讲机和电话。

4）察看、整理客户预约登记表，并及时更新客户"预约欢迎板"内容。

5）提前与预约当日来店的客户进行电话联系，确认客户具体到店时间；如果确认预约客户能够如期而来，可提前准备好问诊预检单，以节省接待洽谈时间。

6）整理三件套。

（3）工作环境的清洁和整理

1）每天开始营业前，检查维修出入口、服务顾问区、接待前台、客户休息室和洗手间的卫生。

2）整理客户休息室，检查并打开音响、影像设备，保证电脑正常使用。

常用工具的介绍

3）报纸、杂志摆放整齐，并及时更新，检查并保证饮水机处有水、水杯。

4）保证客户接待大厅、客户休息室温度适宜，灯光适宜。

5）全部检查完毕后，各就各位，等待客户光临。

（4）出迎准备

1）在指定位置站好准备迎接客户。

2）带好需要的资料，面带微笑。

3）在客户到达的第一时间迎接客户。

2. 初步了解客户需求

在主动问候客户后，服务顾问应马上询问客户的需求。这样做的目的是根据客户的需求尽快进行相应安排。了解客户需求的过程称为需求分析。需求分析是顾问式服务过程中非常重要的一环。通过分析客户需求和期望，可以发掘需求和期望背后的感性和理性购买动机，了解符合客户潜在需求的产品和服务。

（1）需求分析的方法　　需求分析的方法主要有提问和积极式倾听。

1）提问。通过提问可以引出话题，给出对话方向，鼓励客户参与；可以建立客户的信任，使客户有一种被重视、被认同的感觉；可以表示出兴趣与同情，使合作关系更合理。提问分为开放式提问和封闭式提问两种。

① 开放式提问往往用来收集信息，有助于服务顾问更好地评估客户的需求。问题中可使用下列词语：什么、哪里、何时、怎么样、为什么、谁。

例如：要"什么"样的脚垫？您"何时"取车？"为什么"不想解决空调压缩机异响？异响具体是指"哪里"？

② 封闭式提问用来询问特定的回答或信息，对理解、确认、阐明主题十分有用。

例如：我们"是否"将轮胎做一下调位？您"今天"取车还是"明天"取车？您"可以不可以"告诉我您的通信地址？

2）积极式倾听。积极式倾听主要指听话不要听一半，不要把自己的意思投射到别人所说的话上；要理解客户的意思，帮助客户找出他们自己的需求。积极式倾听中的技巧主要有探查和复述。

① 探查是对谈话者刚才所说的话题或听者所关心的话题进一步提问，是为了获得更多的信息。

> **小知识**
>
> 探查主要有详细式探查、阐明式探查、重复式探查、复述深入式探查四种。
>
> 详细式探查是指当谈话者的话中没有包含足够的信息或部分信息没有被理解时所用的探查。例如，"关于这一点，您能再讲讲吗？"
>
> 阐明式探查是指当信息不清楚或模糊时所用的探查。例如，"不想做免费检测是什么意思？"
>
> 重复式探查是指在谈话者回避话题或没有回答先前的问题时所用的探查。例如，"再请问一下，制动片需要更换吗？"
>
> 复述深入式探查是指在鼓励谈话者深入地讲述同一话题时所用的探查。例如，"您说您对我们不满意？"

② 复述主要是将听到的信息反馈给谈话者并表达理解和接受对方的意思。

(2) 正确的对话技巧　在需求分析环节，服务顾问要学会运用正确的对话技巧，这样可以有效、快速地沟通，以准确把握客户的需求。

(3) 需求分析的关键环节　需求分析的关键环节主要包括服务顾问是否运用提问与倾听的技巧，了解客户需求；服务顾问是否向客户建议了服务项目；服务顾问是否说明了维护与维修的好处；当配件库存不足时，服务顾问是否能告知客户本企业是以最短时间来订购配件的；服务顾问是否想方设法快速而准确地制作报价单；价格是否合理，是否物超所值；服务顾问是否对报价进行了详细的分析，以备应对客户；服务顾问是否对维修进行了估价、估时，并事先提示客户，如有不明白的地方请客户一定问清楚；为了使客户清楚价格以及经营的服务内容，在接待处是否加以明确表示；在受理维修时，服务顾问是否确认了客户的联系方式；报价单有变化时，服务顾问是否事先征得了客户的认可。

(4) 需求分析的任务　需求分析的任务是尽可能迅速了解客户此行的目的并做出对应的安排或指引。

(5) 需求分析操作步骤与要点　客户到维修站的目的可能是维修、维护、购买精品、购买保险、参加活动、咨询中的一种或几种，了解到客户明确的需求后，服务顾问才能够有效快速地进行指引和安排。询问时应注意聆听，不要强加自己的主观意识，分清客户的主要目的和次要目的，避免思维定式、主次不分。客户有时会忘记部分需求，服务顾问可进行主动提示。

三、车辆问诊和预检

1. 问诊和预检概述

服务顾问在制订维修方案之前需要对客户的车辆进行问诊与预检，通过问诊和预检环节，服务顾问可以更好地获取客户车辆的信息，为正确制订维修方案奠定基础。

（1）问诊和预检的目的　通过问诊和预检可以明确客户的需求，有针对性地制订方案、实施客户关怀，同时有针对性地实施服务营销，还可以为车间的维修技师提供更多、更详细的客户需求及车辆信息，以便更好地完成客户的要求。

（2）问诊和预检的工作要素　问诊和预检的工作要素主要包括将要提供给客户的服务项目进行解释、诚实、履行承诺、倾听要求等。

1）对服务项目的解释。通过问诊和预检，服务顾问要向客户详细地解释相关的服务项目，这样可以消除客户的疑虑和担心。

2）诚实。在问诊和预检环节，服务顾问要诚实，不要向客户隐瞒或夸大事实。

3）履行承诺。服务顾问要积极履行在问诊和预检环节给客户的承诺，通过诚信赢得客户的信任。

4）倾听要求。在问诊和预检环节，服务顾问要积极倾听客户的要求，同时确认客户的要求。

2. 问诊和预检的基础环节

在问诊和预检时，服务顾问首先要快速对客户进行分析，了解客户的类型、对车辆的了解、驾驶习惯、消费水平等，这样服务顾问才能有针对性地制订方案。

（1）拉近客户关系，收集更有用的信息，便于深入沟通

1）分析客户的驾驶习惯。如客户是否进行车辆预热、车辆的极限驾驶条件、车辆的日常检查、驾驶人在车辆高速行驶时的驾驶习惯、车辆日常的驾驶人是否确定等。获取故障的背景信息对准确制订方案和保证客户满意十分关键。

2）对客户车辆的使用条件进行分析。如车辆使用时的路况、车辆用途、日常负荷状况、经常在哪里维护、使用何种零件和机油等。询问和分析车辆的状况对准确找出故障原因是很有帮助的，服务顾问要在问诊和预检环节积极实施分析工作。

（2）展示服务顾问的专业知识和技能，建立客户信心

1）故障预检。首先对车辆进行环车检查，记录车辆以前的损伤情况，记录所有已经遗失或损坏的部件，发现额外需要完成的工作，提醒客户存放/带走车内的贵重物品，并将检查内容填写到问诊预检单中。

环车检查的顺序如图3-2所示。

环车检查时，应首先请客户提供维护手册，在征得客户允许后将座椅防护套、脚垫、转向盘防护套等装入车内，然后进入驾驶室内进行检查，检查的具体位置和内容如下。

① 车内检查。检查杂物箱（注意：杂物箱是客户的私密空间，在打开之前一定要先征求客户的同意）；核实里程数，记录燃油量；检查仪表板和电气设备的工作状况；检查制动踏板及驻车制动工作状况；检查转向盘工作状况；检查前排座椅、仪表台等处是否有客户遗留的贵重物品；检查风窗玻璃的损伤情况；在从车里出来之前，释放发动机舱盖拉锁和所有门锁。

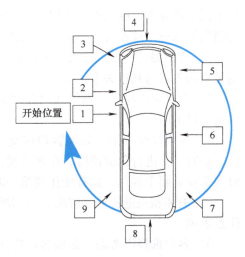

图3-2　环车检查顺序

② 车辆左侧车门。检查左前门锁止及外观状况；记录左前门、后视镜有无损伤；核实车架号；检查左侧刮水器是否硬化或有裂纹。

③ 车辆左前侧。检查左前翼子板、发动机舱盖有无损伤；检查风窗玻璃的损伤情况；检查左前轮胎是否有不均匀磨损、裂纹；检查左前轮毂是否有损伤，轮毂盖是否遗失。

④ 车辆正前方。检查前照灯、前雾灯、前保险杠、发动机舱盖、进气格栅及车标；确认车牌；检查发动机舱内的部件（如风扇传动带是否老化，所有油液的存量和质量，机油或冷却液是否泄漏，橡胶软管是否老化，电线是否有磨损、脱落，蓄电池电解液高度等）；若需要进行路试或故障诊断，可请车间主任或维修技师来完成。

⑤ 车辆右前侧。检查右前翼子板、发动机舱盖、后视镜有无损伤；检查风窗玻璃的损伤情况；检查右前轮胎是否有不均匀磨损、裂纹；检查右前轮毂是否有损伤，轮毂盖是否遗失。

⑥ 车辆右侧车门。检查右侧车身的损伤情况；检查右侧前后门的开关锁止状况；检查右侧前后门内饰板、地毯、座椅等是否损坏；检查是否有贵重物品被遗忘在车后座或地板上。

⑦ 车辆右后侧。检查右后轮胎是否有不均匀磨损、裂纹；检查右后轮毂是否有损伤，轮毂盖是否遗失；检查后风窗玻璃的损伤情况。

⑧ 车辆正后方。检查行李舱盖、后保险杠是否有损伤；确认车牌；检查尾灯外观；检查后风窗玻璃的损伤情况；邀请客户一起确认行李舱内的贵重物品、备胎及随车工具。

⑨ 车辆左后侧。检查左侧的车身和油漆损伤；检查左后门内饰板是否损坏；检查后风窗玻璃的损伤情况；检查左后轮胎是否有不均匀磨损、裂纹；检查左后轮毂是否有损伤，轮毂盖是否遗失；检查车顶。

2）预检结论和深度检查的建议。根据检查结果可以提出以下三个层面的建议。

① 重要维修建议：发动机进行大修以恢复性能，更换三元催化转换器。

② 一般维修建议：保守修复发动机配合间隙和密封状况，清洗被机油污染和造成积炭的相关系统，更换三元催化转换器。

③ 潜在维修建议：使用高品质的机油和性能良好的点火系统。

(3) 随时关注客户的动态和心理行为暗示，抓住机会

扫一扫

精品推荐

1）营销沟通。将车辆预检的准确结果如实告知客户，为客户提供不同维修方案，阐明不同维修方案的性价比与社会作用，根据客户的消费倾向选择推荐对客户最有利的维修方案。

2）营销促进。重点针对某套维修方案向客户进行解释说明，特别是费用关系与利益关系。

3）客户表态应对。如果客户对服务顾问的描述进行了表态，服务顾问必须及时对客户的选择做出回应。

4）客户接受营销。如果客户接受了服务顾问的营销，服务顾问要及时地进行准确报价、报时，并进行深度预检。在客户接受报价后，服务顾问应努力保证最终价格和最终完工时间都要有利于客户，如有变化要第一时间通知并征得客户同意和认可。

5）关怀和跟进服务。解决客户问题后，服务顾问应主动向客户介绍适合其驾驶技巧和注意事项。

6）客户选择再考虑。如果客户选择再考虑，服务顾问要努力帮助客户组合更优惠的方案，并与客户沟通，在保证完好技术条件下建议客户保守维修，保证车辆的正常使用、正常环保排放和正常燃油经济性。

7）客户选择继续使用。如果客户选择继续使用，服务顾问则应采取关怀跟进，定期跟踪并告知客户对机油量的检查时刻和技巧，避免客户更大损失，同时告知客户处理危机的正确方式。

3. 填写问诊预检单

问诊预检单是客户与企业之间的重要文件，某维修企业问诊预检单见表3-3。问诊预检单确立了企业与客户之间的契约关系，服务顾问必须认真填写，填写完成后由服务顾问与客户签字认可方为有效文件。

表3-3 问诊预检单

客户姓名：_____ 电话：_____ 车型：_____ 车辆识别号：_____
车　　牌：_____ 里程（km）：_____ 来店时间：____年____月____日____时____分

客户陈述及故障发生时的状况：

故障发生状况提示：行驶速度、发动机工况状态、发生频率、发生时间、部位、天气、路面状况、声音描述等。

初步检测结果及维修建议：

服务顾问：_____ 技术员：_____

维修维护项目及更换零部件：

确认人：_____
预计交车时间：　　/　　/　　　　　预计材料费用：_____　工费：_____　合计：_____

外观确认：	备注	功能确认：（工作确认√ 不正常×） □音响系统　□点烟器　□中央门锁　□防盗器 □后视镜　　□天窗　　□四门玻璃升降（　　） 物品确认：（有√ 无×） □贵重物品提示　　□灭火器 □工具　□千斤顶　□备胎 □其他（　　　） 旧件交还客户　□是　□否 洗车　　　　　□是　□否
（请在有缺陷部位标识"○"）		

检查费用说明：本次检查出的故障如客户在本店维修，检查费用包含在维修费用内；如不在本店维修，请支付检查费，本次检查费：_____元。预计费含检查费、工费、材料费。结账时按实际发生额计算。
贵重物品：在将车辆交给本店检查修理前，已提示将车内贵重物品自行收起来保存好，如有遗失，本店不负责。
　　　　　　　服务顾问：_____　维修工组：_____　客户确认：_____

(1) **问诊预检单的重要性** 问诊预检单记录了服务顾问与客户之间的沟通情况，可以避免可能出现的误解；将客户的要求进行了详细而清楚的说明，可以有效地帮助维修技师提高修复率；记录了企业和客户在维修时间和预期费用方面达成的协议，有助于后期双方发生争议的解决；还可作为企业保修费用和零部件存货的审计依据。

(2) **问诊预检单的主要内容与信息填写**

1）车辆牌照号。
2）客户姓名及联系方式。
3）车型。
4）车辆识别号。
5）行驶里程。服务顾问要认真记录客户车辆行驶里程，以免在交车时双方发生争议。
6）准确记录油表刻度位置。
7）受理日期及接收时间。
8）修理种类。要注明是保修还是维修，收费还是内部收费，以免混淆。
9）故障描述。要记录客户的原话，以便维修技师进行故障确诊。
10）环车检查时要把车辆所有严重明显的损伤记录到问诊预检单中。

4. 维护种类及内容

车辆销售给客户以后，由于每个人的驾驶方式和每辆车的行驶条件各不相同，因此，4S 店根据客户的车辆特性、使用年限、行驶里程、配置和使用条件制订了专门的维护规范。

各汽车品牌一般有其授权的服务站进行车辆维护，客户可以借此得到高水平的专业化服务，从而保证车辆正常运行，延长使用寿命，同时减少维修次数并降低使用成本。车辆的维护包括首次维护和定期维护。

(1) **首次维护** 首次维护是客户购车后按规定的里程或使用时间第一次到授权服务站对车辆进行检查和调整，是为了保证汽车正常顺利运行而强制性实行的维护。首次维护将对车辆的各种液位进行检查，同时还要检查车辆运行是否正常。根据新车质量担保规定，首次维护是车主享受质量担保的必要条件。在质量担保期内的任何担保，车主必须出示新车质量担保证明和首次维护证明。

1）首次维护的时间和里程。车辆的首次维护是根据车辆的使用时间和行驶里程确定的，不同的品牌或者同一品牌装配不同发动机的车辆首次维护的时间和里程不同。

2）首次维护的内容。首次维护的内容见表 3-4。

(2) **定期维护** 定期维护是客户车辆按一定的行驶间隔里程或使用间隔时间，定期到授权服务站对车辆进行检查和维护。定期维护包括更换发动机机油和机油滤清器等项目。

1）定期维护的意义。车辆的技术性能随着行驶里程的增加以及各种环境因素的影响而发生变化，技术性能变差会导致车辆的动力性、经济性和可靠性逐渐变差。客户定期回到授权服务站，服务站按标准的规范对车辆进行维护和检查，可以及时更换易损、易耗件，发现和消除早期的故障隐患，防止故障的发生或损坏的扩大，恢复车辆的性能指标，提高车辆的完好率，有效地延长汽车的使用寿命。

2）定期维护的时间和里程。在正常使用条件下，新车行驶了规定的里程或时间后，应当进行定期维护；在非正常使用条件下，建议定期维护里程或时间减少 50%，以先达到者为限。非正常使用条件是指：用于租赁等营运性质活动，或用于比赛竞技、表演娱乐、军事

表3-4 首次维护的内容

检查的项目	检查的内容	要点
液面检查	1. 发动机机油液面检查 2. 冷却液液面检查 3. 动力转向油液面检查 4. 制动液液面检查 5. 风窗玻璃清洗液液面检查	检查液面的高度，在确保无异常泄漏的情况下，对液面高度不符的油液进行适量的添加
故障码读取和重新初始化	使用诊断仪检查车上各系统电脑的故障记录并进行故障排除	1. 读取电脑记录（依装备而定） 2. 排除故障后删除记录 3. 检查记录删除结果
检查和调整	1. 各防尘罩的状况 2. 管路、发动机与变速器壳体的密封性和状况（发动机舱和车辆底部） 3. 轮胎状况（磨损状况、气压和拧紧力矩）	1. 检查管路时必要的操作：管路应做适当清洁；摇动接头出，检查是否松旷 2. 有问题的地方应立即通过服务顾问向客户指出 3. 给压力不足的轮胎充气或给压力过高的轮胎放气 4. 按规定的拧紧力矩拧紧车轮螺栓

行动、被征用等用途；在炎热的地区行驶（温度经常超过30℃的地区）；在寒冷的地区行驶（温度经常低于-15℃的地区）；在充满尘土的道路或地区行驶（如施工工地、沙漠等）；经常短距离行驶（发动机温度常达不到90℃）；使用不符合本品牌所建议的润滑油或使用质量差的燃油（含硫量超过500mg/L）。

定期维护的里程以里程表的读数为准（包含首次维护的里程）。例如，某车辆首次维护里程为7500km，定期维护间隔里程为15000km，当车辆行驶7500km进行首次维护后，再行驶7500km，即里程表读数为15000km时，进行第一次定期维护，以后每行驶15000km进行一次定期维护。

3）定期维护的规范。在定期维护中，所有车型使用统一的质量担保和维护手册，维护操作提倡两个维修工配合检查。

4）定期维护的内容。定期维护相关项目见表3-5。

表3-5 定期维护相关项目

一、车辆在举升机底部			
左 侧		右 侧	
1	引导车辆就位	1	接受服务顾问的单据后进入车内
2	外部灯光、喇叭检查（检查指示）	2	外部灯光、喇叭检查（开关的操作）
3	刮水器检查（前后刮片检查、喷嘴调整）	3	刮水器检查（开关的操作）
4	铺挂前翼子板防护罩	4	维护提示初始化
5	离合器踏板行程调整（依车型）	5	离合器踏板行程检查（依车型）
6	蓄电池检查（发动机舱）	6	蓄电池检查（内部操作）
7	检查机油液位后，拧松或拆下机油滤清器	7	内部灯光、仪表检查，电气设备功能键功能检查
8	冷却液检查	8	用诊断仪读取删除故障码
9	制动液检查	9	检查转向盘高度，座椅固定及功能调节检查
10	助力转向液检查	10	检查车门开关和安全带，润滑车门铰链

(续)

	一、车辆在举升机底部		
	左 侧		右 侧
11	补充风窗玻璃清洗液	11	拧松车轮螺栓（着地时）
12	空气滤清器清洁或更换	12	驻车制动检查（离地时）
13	通风管、油气分离器清洁（依车型）	13	拆下前/后轮胎
14	座舱空气滤清器清洁或更换	14	拆下（拿出）备胎
15	上部管路和发动机、变速器密封检查	15	记录检查项目
	二、车辆在举升机中部		
	左 侧		右 侧
16	检查前减振器密封	16	
17	检查制动器附近防尘套密封	17	
18	检查制动器附近球铰间隙（依里程）	18	同左侧
19	检查制动器附近制动管路	19	
20	检查制动盘（鼓）、制动片（蹄）	20	检查前后轮胎和备胎
21	检查前后轮胎	21	记录检查项目
	三、车辆在举升机顶部		
	左 侧		右 侧
22	拆卸下护板、机油滤清器，排出发动机机油	22	排气管检查
23	下部管路和发动机、变速器密封检查	23	中后部管路检查
24	下部防尘套（包括转向齿条）检查	24	检查后减振器
25	下部球销间隙检查（依里程）	25	检查后桥轴承及密封状况
26	安装拧紧机油滤清器（依车型）	26	修理或更换轮胎
27	安装拧紧放油螺塞	27	可协助A检查
28	检查调整附件、传动带	28	协助A检查
29	安装下护板	29	记录检查项目
	四、车辆在举升机底部		
	左 侧		右 侧
30	安装车轮（左侧）	30	安装车轮（右侧）
31	安装拧紧机油滤清器（依车型）	31	拧紧车轮螺栓（着地，拧紧全部）
32	更换火花塞（依里程）	32	检查调整轮胎气压（着地）
33	检查调整气门间隙（依车型和里程）	33	—
34	加注检查发动机机油	34	发动机车辆配合检查
35	检查发动机舱油液泄漏情况	35	—
36	清洁发动机舱	36	填写检查记录
	五、车辆保持在举升机上		
检验员抽检3项			
	六、车辆离开工位		
检验员路试并检查仪表动态			

注：维护操作一般由A、B两个维修人员配合。

四、制单及派工

1. 作业流程

制单及派工的作业流程如图3-3所示。

1）确定维修项目。根据问诊预检单所记录的车辆故障，确定大致的维修项目，并登记到维修委托书上。

2）确认备件、工时价格。根据维修项目，与库房沟通备件是否有库存，价格是否有变化，如果没有库存最短的补货期是多长时间等。

3）确认工位安排。与车间主管进行沟通，确认工位，并预计维修时间。

4）估价与估时。服务顾问根据已了解到的信息，对维修项目进行估价与估时。

5）制作维修委托书。根据所获得的信息，利用计算机售后服务管理系统制作维修委托书。

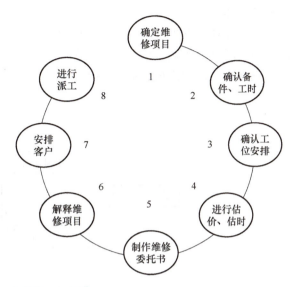

图3-3 制单及派工的作业流程

6）解释维修项目。向客户解释维修项目的必要性，为下一步维修服务的开展奠定基础。

7）安排客户。根据客户的意愿安排好客户，并告知客户大致的维修竣工时间。

8）进行派工。将车辆与维修车间进行交接，并填写好维修作业管理看板。

2. 估价与估时

对即将维修的车辆进行估价、估时是服务顾问的重要工作任务之一，做好这项工作需要对材料费用、工时费用、维修作业标准时间、备件供应时间等情况有清楚的了解，并且能够根据客户类型采用适当的方法进行解释和说明。

(1) 估价 车辆维修的费用通常有材料费用、工时费用及其他费用。

1）材料费用估算。材料费用是指在车辆维修过程中更换、修理零配件以及使用耗材所发生的费用。零配件和原材料的价格取决于实际购入价格和合理的进销差率。进销差率由维修企业自行确定，并按规定告知客户。

2）工时费用估算。工时费用是指维修工人在维修时需要的时间和费用。在实际工作中，汽车维修企业对外多以工时定额及单价向客户计费，对内则多将完成的定额工时作为班组或技工个人计核其提成收入的依据。

工时费用的计算公式是：工时费用 = 工时定额 × 工时单价 × 该车型的技术复杂系数（车型技术复杂系数有的地区未采用）。

3）外加工费用。外加工是指受本企业有关技术条件限制，在维修过程中需委托其他企业进行加工或制造的零配件，如在维修中进行喷镀、电镀、热处理、安装生活电器（如音响、电视、冰箱）以及实施特殊加工工艺等，其费用按外加工单位发票金额为准。凡属于规定的维修项目以内的，一律不得以外加工形式重复收费。

(2) 估时 维修作业时间不仅与客户所感受到的服务质量有关，而且与企业的业务额成比例，因此，能否准确地估算时间是服务顾问的专业技能之一。

扫一扫

预估维修时间

维修作业时间与工时不同，维修作业时间是客户车辆维修的时间，而工时则是车辆维修劳动量的测定方式。维修作业时间由主体作业时间和准备时间组成，如图3-4所示。

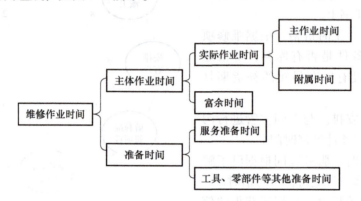

图3-4 维修作业时间的组成

在实际工作中，维修作业时间的估算与企业的作业流程控制水平、服务顾问的接待能力、维修技师的技术、备件供应的及时性有关。上述因素的不确定性给服务顾问估算维修作业时间带来极大的难度。因此，在估算时间时，服务顾问首先要告知客户预估的时间并不是确定值，其次要综合考虑企业确定的维修作业标准时间、备件供应时间、洗车所需时间以及维修作业排队等候时间等。

3. 制作维修委托书

服务顾问进行完估价、估时环节的内部作业后，就需要打印维修委托书并向客户解释维修服务项目，同时需要确认维修项目。

(1) 维修委托书的主要内容 维修委托书样式见表3-6。

(2) 维修委托书的作用

1）维修委托书是客户与企业之间在维修和预期费用方面达成的协议，它明确了双方在维修服务过程中的权益，如果双方发生争议，维修委托书是具有法律效力的重要文件之一。

2）维修委托书记录了维修企业对客户车辆故障处理的详细说明，是维修技师对车辆进行维修的依据。

3）维修委托书是企业内部的重要管理文件，通过维修委托书可以对维修技师的工作进行考核，从而有助于确定维修技师的薪资。

4）维修委托书是企业的维修费用和零部件存货的审计依据。

(3) 确认维修委托书 维修委托书打印完成后，服务顾问要向客户逐项解释维修项目，并告知客户预计费用。

1）如果客户对维修项目及费用提出异议，服务顾问要向客户解释维修的必要性，但是否维修的决定权在客户。如果客户不予维修，则服务顾问应在维修委托书上注明不予维修。

表 3-6　维修委托书

服务顾问		开单时间							约定取车时间							
客户姓名		VIN														
联系电话		牌照号码							车型							
电子邮箱		发动机号														
联系地址																

功能确认：（工作确认√　不正常×） □音响系统　□点烟器　□中央门锁　□防盗器　□后视镜 □天窗　□四门玻璃升降　□其他（　　　　） 物品确认：（有√无×） □贵重物品提示　□灭火器　□工具　□千斤顶　□备胎 □其他（　　　　）	维修授权
客户签字	结算取车

	维修技师	工时	维修内容	工费（保修）	工费（客户）
1					
2					
3					
4					
工时费用小计（元）					

	配件和辅料名称或代码	类别	材料费用（保修）	材料费用（客户）
1				
2				
3				
4				
材料费用小计（元）				
其他				
结算		费用总计（元）	保修	客户

2）如果备件不能准时供应，则服务顾问要向客户解释，告知备件所需的供货周期，并将客户转为预约作业客户进行管理。如果备件价格较贵，则服务顾问应向客户收取押金，再将客户转为预约客户。如果客户要求时间紧急，则可考虑从关系较好的企业调货或加急。

3）服务顾问要告知客户预计维修时间，预计维修时间包括排队等候时间、维修作业时间与洗车时间。在进行维修时间的解释时，三个时间段应逐一介绍。其中排队等候时间为可控时段，如果客户不愿等候这一时段，则服务顾问可与客户协商，将其转为预约客户。维修作业时间为不可控时段，服务顾问要告知客户如果维修项目出现变更，则时间也随之变化。洗车时间为可控时段，服务顾问要征求客户意见确定其是否洗车。

4）服务顾问要告知客户此时的费用和时间均为预计，在维修过程中如果有变化，会与客户及时进行协商。

5）服务顾问要询问客户付款方式，如果客户不是现金付账，则服务顾问要告知客户有关付款方式的规定，以免作业完成后由于付款方式的问题产生争议。

6）维修委托书一式三联，客户与服务顾问均签字方可生效。客户一联，维修小组一联，服务前台一联。

4. 派工作业

在派工过程中要确保维修任务分配均衡，合理利用可用维修时间，不应出现同工种不同班组工作量差异过大等现象；对于某些车辆要考虑优先安排；要了解维修工作类别、工作复杂程度及标准作业时间，妥善地派工。

派工的流程为：查询并确定工位，分配工位，把派工信息输入 DMS 系统，移动车辆，车辆准备开始维修。

五、跟踪服务及完工检查

服务顾问要准确掌握维修作业状态，对维修进度进行监控，以保证维修作业能按时完成。维修进度监控主要从维修作业流程、维修作业管理看板和及时沟通三个方面着手。维修作业结束后，应进行维修竣工检验，竣工检验合格后再进行一系列交车前的准备工作，包括车辆清洁、整理旧件、完工审查和通知客户取车等。

1. 维修作业流程

维修作业流程如图 3-5 所示。

在跟踪作业时要注意三个时间段：

1）开工半小时左右服务顾问要注意检查进度，因为维修技师检查出新的问题，或者备件供应出现意外均在这一时段。

2）预计时间过半时要确认维修是否进入自检环节，观察并询问维修技师是否有意外情况发生。因为这一时段就能够大概判断出是否能够按时交车。

3）接近预计时间要进行跟踪，因为此时多数车辆已进入竣工检验期，服务顾问此时进行跟踪有利于在接下来的交车环节占据主动地位。

2. 有效利用维修作业管理看板

维修作业管理看板是企业现场管理的重要手段之一。多数采取现代化管理方式的维修服务企业设有维修作业管理看板（表 3-7）。车间主管、维修技师、服务顾问可通过维修作业管理看板实现可视化沟通，从而减少可能出现的生产组织混乱。

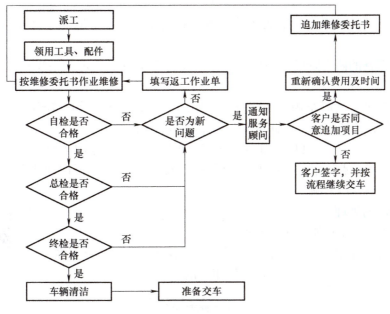

图 3-5　维修作业流程

1）服务顾问在将维修委托书交给车间主管指定的维修小组后，随即将相关信息登记到维修作业管理看板上。

2）维修作业管理看板由服务顾问填写，有条件的企业可以采用电子显示屏。

3）维修作业管理看板的作用在于实时管理，因此，如果作业有变化，一定要及时予以更新。

4）同一组作业时间的衔接安排上要留有 15min 左右，以避免意外况的发生。

表 3-7　维修作业管理看板

序号	维修技师	维修委托书编号	接车时间	车牌号	维修状态	预计交车时间	服务顾问	备注

3. 定时巡查，及时与车间沟通

服务顾问通过巡查的方式，了解维修进度，并主动与车间主管、维修技师和索赔员进行沟通。

(1) 定时巡查　通常服务顾问每隔一小时到车间巡查一次，巡查的主要目的是：

1）了解所派业务车辆维修进度如何。

2）与维修技师沟通，了解故障排除情况以及有无增加的服务项目。

3）与车间主管沟通，了解排队客户的派工情况，是否可以承受增加的维修任务等。

4）及时将客户增加的服务项目告知维修技师，以免发生服务漏项。

5）及时将在巡查过程中发现的维修技师不符合要求的维修操作方式反馈给车间主管，

以免发生意外。

6）如果客户的故障车辆在保修期内，服务顾问还需与索赔员进行沟通，了解客户车辆的索赔情况。

(2) **必须巡查的两个阶段**　如果服务顾问工作较为繁忙，那么最少在下面的两个时段必须到车间巡查。

1）上午11:00。此时车辆维修情况比较明朗，早上进来维修的车辆，有些已经基本修好，有些可能仍在等待零件，因此可以大体了解车辆维修作业的情况。

2）下午2:00~3:00。此时大部分工作都应该完成了，与车间沟通可以知道是否能够正点交车。如果不能正点交车或者出现意外情况，可以在这个时候及时通知客户。如果通知客户太迟，将会影响客户的满意度。

4. 服务增项的处理

服务增项的作业流程如图3-6所示。

(1) **维修过程控制**　在维修服务过程中，服务顾问要随时查看维修进度，了解客户需求，以便为客户提供相应的服务。

服务增项

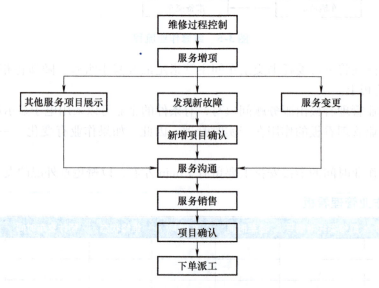

图3-6　服务增项的作业流程

(2) **服务增项**　在客户等待期间，如果维修技师发现有新增的维修项目，或者客户在等待过程中有了新的需求或变化，相关人员要及时告知服务顾问。

(3) **新增项目确认**　服务顾问要对新增的维修项目或关联服务进行核实，如备件是否有货、维修时间是否变更、新增的项目是否必需、新增的维修费用有多少、关联服务是否能够准确提供等，确认相关问题后，服务顾问方可与客户沟通。

(4) **服务沟通**　服务顾问要运用恰当的沟通技巧，将需要与客户沟通的信息传递给客户。咨询客户时，要礼貌；说明增加项目时，要从技术上做好解释工作，事关安全时要特别强调利害关系；要冷静对待此时客户的抱怨，不可强求客户，应当尊重客户选择。

(5) **服务销售**　服务顾问在服务沟通过程中，要准确把握客户的需求心理，说明服务项目的必要性以及增加的项目费用，从而为实现销售奠定基础。

（6）项目确认　无论是哪一类服务项目，服务顾问只能向客户推荐，而决定权在客户，服务项目只有通过客户的确认并在相关单据签字后才能实施。

（7）下单派工　客户进行项目确认后，服务顾问可向相关服务提供部门下达维修委托书。

5. 竣工检验

（1）竣工检验的内容　竣工检验包括质量检查、车辆清洁、整理旧件以及完工审查四个方面。

1）质量检查。质量检查有助于发现维修过程中的失误和验证维修的效果。质量检查也可对维修人员的考核提供基础依据。质量检查是维修服务流程中的关键环节。

2）车辆清洁。维修结束之后，应该对车辆进行必要的清洁，以保证车辆交付给客户时维修完好、内外清洁、符合客户要求。

3）整理旧件。如果维修委托书中显示客户需要将旧件带走，则维修人员应将旧件擦拭干净，包装好，放在车上或放在客户指定的位置，并通知服务顾问。

4）完工审查。承修车辆的所有维修项目结束并经过检验合格之后，服务顾问进行完工审查。完工审查的主要工作是核对维修项目、工时费用、配件材料数量，材料费用是否与估算的相符，完工时间是否与预计的相符，故障是否完全排除，车辆是否清洁，旧件是否整理好。审查合格后通知客户交车。

（2）竣工检验的实施规范

1）所有维护或维修的车辆出厂时，都必须由总检验员进行总检（专职检验），检验合格后，车辆方可出厂。

扫一扫

竣工检验

2）按照维修委托书中的项目逐项检查，确保所有的项目均已进行。

3）按照客户描述的情况进行检查，必要时进行路试，确保故障现象消除。

4）依据维修委托书上关于车辆状况的记录，检查作业过程中外观、内饰、物品等有无损伤和遗失等。

5）总检验员应在维修委托书上记录不合格情况，如可以当时采取措施纠正，则就地解决，解决后签名确认；否则签名后将维修委托书交与车间主管重新派工，计入内部返修车辆。

6）对于由技术水平导致的内部返修车辆，车间主管应将工作安排给技术更高的班组。

7）总检验员应将检验结果反馈给班组，以提高班组的技术水平，防止再次出现同样的问题。

8）只有质检合格，总检验员在维修委托书上标注并签名后，车辆才可以驶出车间。

9）返修车辆对客户满意度的负面影响非常大，因此必须严格控制质检环节，一般车辆返修率应控制在5%以内。

（3）竣工检验的流程　竣工检验的流程如图3-7所示。

六、结算及车辆交付

结算是在承修车辆竣工交付时，由承修方对车辆维修所发生的工时费、材料费、外加工费以及其他费用进行统计计算，并向托修方收取全部费用的过程。

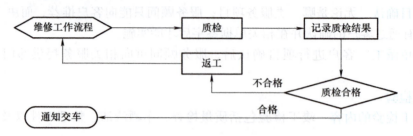

图 3-7 竣工检验的流程

在交车时，客户希望服务顾问能够清楚地解释费用组成，并且将完好的车辆交到自己手中。所以，维修完成后的费用结算、维修内容解释和完善的交车服务同样重要。作为服务顾问，应掌握结算及车辆交付的方法和流程，同时应具备维修结算知识和良好的沟通能力。

1. 结算及车辆交付工作流程

车辆维修完成并且按照客户要求清洗完毕后，就到了结算及车辆交付环节，其工作流程如图 3-8 所示。

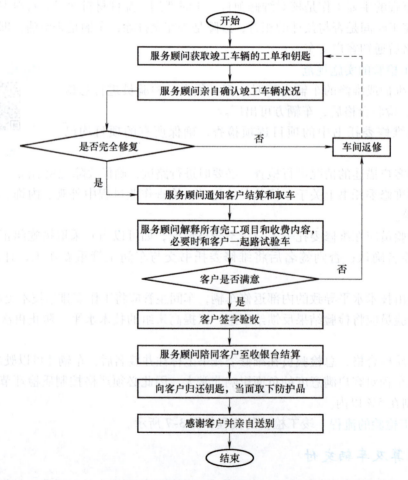

图 3-8 结算及车辆交付工作流程

2. 结算及车辆交付注意事项

1）在服务过程中，制作结账清单就是确定收费的过程。良好的计费应达到以下三个目标：

① 精确。服务顾问应在估价范围内计算费用；服务项目和结算项目不得超出经营范围；统计准确，计算方法正确，不错收、漏收和重复收。

② 迅速。当车辆修好后，收款单也应马上准备好。

③ 清楚。客户能够从结账清单中很容易地了解维修服务企业做了哪些工作，用了什么零件，这些工作和零件收费多少。

2）服务顾问应在客户交款前与其沟通，如果做不到，那么至少要在客户离开之前与其交流。

3）服务顾问应对维修项目和维修费用做出解释。

4）服务顾问应回答客户的任何问题，并对客户在维修或费用方面所存在的不满立即做出响应。

5）服务顾问应把必要的附加服务通知客户。

6）服务顾问应对客户来店进行车辆维修或维护等表示感谢。

7）在整个服务过程中，服务顾问应有礼貌、乐于助人、友好热情。

8）送别客户，陪同客户到停车场。

七、维护客户回访

回访是经销商商业活动中最有效的促销手段，是服务质量承诺的有机组成部分。

1. 回访的目的

1）汽车维护服务属于频次消费，一次维护的结束并不代表服务的终止。通过回访，请客户评价企业的服务情况，表达企业对客户的关心，从而加强客户对企业的印象，增进服务顾问与客户之间的关系。

2）通过回访，及时发现服务过程中存在的不足，及时与客户沟通其不满意之处，消除分歧，避免客户将其不满传播或不再惠顾，提升客户对企业服务的满意度。

3）通过回访，解答客户在车辆使用过程中的疑难问题，从而使企业的服务具有主动性，有利于企业培养稳定的忠诚客户群。

4）通过回访，可以发现新的服务机会，进行新的服务预约，完成企业的闭环服务作业。

2. 回访的流程

当客户取车离店后，维修企业应在三日之内进行回访。回访是维修服务流程中的最后一个环节，属于与客户接触、沟通和交流环节，一般通过电话访问的方式进行。如果电话回访无法联系到客户，应在第四天向客户发出信函进行回访。服务顾问应严格按照电话礼仪的要求，正确问候及称呼客户，询问客户是否有时间接受回访，并告知回访所需的大致时间；要回避客户休息时间、会议及活动高峰期，可在 9:00～11:00 或 16:00～18:30 进行回访；语言表达要清楚明了，语速不要太快，一方面给没有准备的客户时间和机会回忆细节，另一方面避免客户觉得服务顾问很着急；如果与客户约定了回访时间，要严格遵守，否则效果将适得其反。回访的流程如图 3-9 所示。

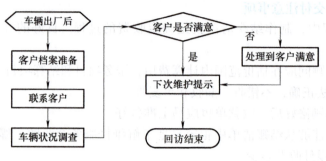

图 3-9 回访的流程

3. 回访的主要内容

(1) 满意度调研

1) 服务顾问请客户对企业的服务进行评价，包括整体服务情况、维修维护情况、服务顾问的服务水平、客休区服务、维修费用等问题，并注意做好记录。

2) 了解车辆使用情况，解答客户疑问。对不能解答的问题，要做好记录，并与客户约定反馈时间。

客户满意度回访单见表 3-8。

表 3-8 客户满意度回访单

序号	提问	回答	
		是	否
1	是否当面检查车辆		
2	是否按约定时间交车		
3	是否通知交车延误		
4	所做工作与要求是否一致		
5	是否因什么原因没有支付费用		
6	是否预估了费用		
7	是否认可预估费用		
8	是否已解释工作内容		
9	是否希望得到工作解释		
10	是否提供车辆维护方面的建议		
11	是否因为同一问题进行返修		
12	交车前车辆是否进行清洗		

(2) 投诉处理　服务顾问如果遇到客户投诉，首先要真诚地道歉，然后认真地将客户的投诉内容如实记录到投诉处理单上，表示对客户的同情，告知客户会立即联系相关人员进行处理，并告知客户反馈时间。

(3) 主动邀约

1) 服务顾问根据客户档案对近期内车辆需要维护的客户进行服务提醒，邀请客户来店维护。

2) 如果企业近期内有促销活动，服务顾问可以根据客户档案对符合参加促销活动条件的客户进行主动邀约。

(4) 关爱问候　服务顾问根据客户档案，在节假日或对客户而言很重要的日期（如生日、结婚纪念日等）对客户进行关爱问候，以体现企业对客户的重视及关爱。

服务顾问应做好回访记录，作为质量分析和客户满意度分析的依据，回访记录表见表3-9。回访中如果发现客户有强烈抱怨和不满，应耐心地向客户解释说明原因并及时向服务经理汇报，在一天内调研清楚情况，给客户一个合理的答复，以平息客户抱怨，使客户满意，不可漠然处之。

表3-9 回访记录表

日期：_____ （保存期一年）

序号	客户姓名	车牌号	联系电话	维修单号	出厂时间	车辆使用情况	工作人员态度	工作人员效率	工作人员业务水平	满意度	意见与建议
1											
2											
3											
4											
5											
6											

任务二　车辆常见故障维修业务接待流程

任务目标

1. 掌握常见故障的诊断方法与步骤，能初步判断故障原因。
2. 能预估车辆维修费用及等待时间。
3. 熟知汽车售后服务检查工作流程，能进行交车前的全面检查。
4. 了解常用单据和汽车维修价格结算注意点及方法。

建议学时

8学时。

相关知识

一、客户接待

1. 故障车辆维修接待的基本沟通技巧

（1）尊重客户的描述　在对故障车辆进行维修前，对故障的判断是非常重要的，而判断故障主要通过客户的描述。在接待客户过程中，服务顾问对客户车辆故障现象及相关内容的询问是维修人员能够快速发现故障位置和解决故障问题的前提。服务顾问应该详细询问车辆的故障现象、位置，如实记录，并向维修人员通报情况。

51

> **案例**
>
> 一位客户到达 4S 店售后服务区。
>
> 服务顾问："您好，先生，请问我能为您做些什么？"
>
> 客　户："我的车最近怠速不稳。"
>
> 服务顾问记录怠速不稳后，问："您的车起动性能怎么样？"
>
> 客　户："起动效果也不好，起动困难，你看看是不是蓄电池有问题了？"
>
> 服务顾问记录后，问："好的先生，还有什么问题吗？"
>
> 客　户："没有了。"

服务顾问记录后把信息反馈给维修人员，以便维修人员在排除故障时予以参考。

在进行故障询问时，服务顾问应做到以下几点。

1）必须询问故障发生时车辆行驶的条件和环境，以便故障诊断时参考。

2）提问尽可能通俗易懂，尽量不要用专业术语。

3）与客户交流时尽量直接询问故障所在的位置或部件。

（2）提出与故障相关的问题　服务顾问除了要听清楚客户对车辆故障的描述外，还要针对不同的故障现象引导客户补充必要的故障说明以供维修参考，避免出现技术性错误，一般来说可以分为三步。

故障问诊

1）询问故障情况。故障出现在什么时候（早上、中午或晚上等），出现了多久，在什么天气或温度下出现（雨、雪、炎热或寒冷等）。如果属于周期性故障，还要询问此前是否在其他地方维修过及维修过什么项目等。

2）核实故障现象。问清楚故障现象后，要根据故障情况进行核实，必要时邀请车间主管或试车员进行路试确认。核实工作是非常重要的，因为客户本人可能并不是专业人士，有时很难说清楚是哪个系统出了故障（或者该问题对某种车型来说并不一定是故障），如果照搬客户的叙述直接制订维修工作单而不进行核实，就有可能使下一步的维修工作陷入误区。

3）制订专业维修工作单。大部分客户并不是专业人士，服务顾问应将客户的口语化描述转化为专业术语并制订好维修工作单，以便车间的维修人员进行维修作业。发动机工单见表 3-10。这要求服务顾问具有较系统的汽车维修理论知识，避免因为文字问题而出现误诊或错诊。

服务顾问的接车工作是整个维修工作的开端，这个开端的好坏对维修工作能否顺利完成起到重要的作用，专业性的沟通技巧将会大大提高维修工作的效率和质量。

2. 诊断故障后详细说明情况

在完成车辆故障诊断之后，应向客户详细说明车辆需要完成的维修工作。

1）说明问题。告诉客户发现了什么问题以及为什么需要维修。例如，服务顾问对客户说："您好，经过对您车辆的全面检查，我们发现蓄电池是好的，但需要调整。"以上服务顾问的说法是错误的，原因在于没有说明问题，正确说法为："先生，您好，经过对您车辆的全面检查，我们发现蓄电池是好的，但喷油器需要清洗，而且需要更换一套新的火花塞，这就是车辆起动困难、怠速不稳的原因。"

2）说明解决方法。告诉客户用什么样的方法来维修车辆，并解释清楚维修的特点和优点。这时应掌握好特点与优点的概念及运用，特点描述的是事物的特征，优点一般来说与省钱、节油、提高性能、安全、便利有关。

3）提供估价让客户同意维修。在说明检查发现的问题、为什么需要维修以及用什么方法维修后，应向客户提供维修项目的估价，接着让客户同意这些维修项目，并说："我能进一步调整您的车吗？"

表3-10 发动机工单

客户姓名		车型		VIN	
发动机号		变速器		里程	
故障日期		制造日期		已使用日期	
燃油和燃油加油口盖		□车辆燃油耗尽导致不点火 □燃油加油口盖没盖或未正确拧入			
症状	□起动能力	□不能起动　　　　□没有燃油　　　□部分燃油 □部分燃油受节气门影响 □部分燃油不受节气门影响 □可以起动但起动困难　□其他（　　　　）			
	□急速	□无快急速　　□不稳　　□高急速　　□低急速 □其他（　　　　　　）			
	□动力性	□抖动　　　□喘振　　　□爆燃　　□动力不足 □进气回火　□排气回火 □其他（　　　　　　）			
	□发动机失速	□起动时　　□急速时 □加速时　　□减速时 □刚停车时　□加载时			
故障发生时间		□刚交车后　□最近 □上午　　　□下午　　　□晚上			
频次		□总是　　□在一定工况时　　□有时			
天气情况	天气	□不受影响 □晴天　　□下雨　　□下雪　　□其他（　　　　　　）			
	温度	□热　　　□干　　　□冷　　　□湿　　　℃			
发动机状况		□冷机时　　□暖机过程　　□暖机后 发动机转速　0　　2000　　4000　　6000　　8000/(r/min)			
道路条件		□市区　　□郊区　　□高速公路　　□越野（上坡、下坡）			
行驶条件		□不受影响 □起动　　　□急速　　　□高速运转 □加速时　　□减速时　　□转弯时 车速　0　10　20　30　40　50　60/(km/h)			
故障指示灯		□亮起　　　□不亮			

二、车辆问诊和预检

1. 常见故障的问诊步骤与方法

系统地检查车辆，了解客户需求和客户遇到的困难，以判断故障原因。

（1）**故障的问诊步骤** 服务顾问进行车辆故障诊断的具体步骤为：

1）认真听取客户对故障的描述，了解客户的要求并做记录。

2）了解到尽可能多的细节，更好地判断故障原因（运用5W2H方法）。

车辆问诊

3）系统地检查客户车辆。

4）必要时请客户一起进行路试。

5）请求技术专家帮助检查车辆，判断故障原因。

6）查阅是否有相关的技术维修通告。

7）运用各种信息资料对车辆故障进行判断。

（2）**故障的问诊方法** 问诊时尽量采用开放式的提问，做结论时可以采用封闭式提问（封闭式提问的回答只有一种可能，例如：是不是？有没有？）。

通过问诊，客户可以清楚地知道自己的车到底哪里有问题，同时服务顾问也向客户展示了自己的专业性，客户可以放心地将车辆交给服务顾问处理，从而对服务企业产生信赖，增加客户忠诚度。

2. 互动预检

（1）**互动预检的目的**

1）确认客户交修前车辆各部状况，避免客户不实的指责。

2）增强客户对服务站的信任及交修意愿。

3）体现对客户的关怀与服务价值。

（2）**互动预检的流程** 下面以长安铃木为例介绍互动预检的流程。

1）放置一次性四件套。服务顾问必须当着客户的面套上座椅防护套、转向盘防护套、变速杆套、脚垫等，使用四件套可以让客户感受到服务顾问对其车辆的爱护及良好的服务意识。预检的时候，服务顾问应一边检查一边填写问诊预检单。

2）查看前风窗玻璃下面的车架号，一共17位代码，检查是否正确。有时车架号可能会被其他东西遮住，但是服务顾问可以从客户档案得到相应的信息，或者打开发动机舱盖也能看见车架号。

3）仪表检查及里程记录（1~2min）。服务顾问打开左前车门，坐进主驾驶室，记录里程数、燃油量、仪表和指示灯有无异常，还要查看内饰件、音响、安全带有无损坏。

4）车内情况及物品检查（1min）。检查车顶、车门及座椅有无污损，检查车内有无贵重物品。

5）外部绕车检查（1.5min）。按图3-10所示顺序绕车检查，应注意车身及漆面有无损伤、灯壳有无破损。

6）向客户推荐一些易劣化、易磨损、易降低性能零件的检查。例如，发动机机油和机油滤清器、空气滤清器和燃油滤清器、火花塞、刮水器片、离合器片、轮胎、制动衬片、制动摩擦片、制动软管、制动液罐、散热器、风扇传动带等。

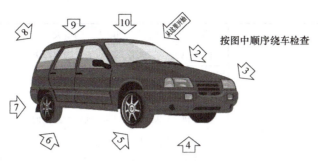

图 3-10 外部绕车检查

（3）互动预检作业规范

1）将车辆开至预检工位后，服务顾问应引领客户进入预检程序，邀请客户一起参与，让客户感到受欢迎和重要性。

2）检查仪表时应查看机油压力、冷却液温度、燃油量等。

3）车内检查顺序为车顶饰板→左前、右前、右后、左后车门内饰→左前、右前、右后、左后座椅，检查有无污损。

4）若车内放有贵重物品，服务顾问必须提醒客户带走。

5）外部绕车检查重点部位，左侧：翼子板、车门、车顶，后部：备胎、工具、灯壳，右侧：翼子板、车门、车顶，前方：发动机舱盖、灯壳。

6）服务顾问引导客户检查过程中应一直和客户保持交流。

7）检查过程中，服务顾问应随时将车辆状况、损伤记录于问诊预检单中（表 3-11），并随时向客户报告。使用服务用语如"您的车车身漆面状况很好"，"您的车消声器有点破损"等。

表 3-11 问诊预检单

客户姓名			登记号	
车型			登记日期	/ /
控制系统类型			车身代号	
接车日期		/ /	里程表读数	km
使用情况	故障发生日期			
	故障发生频次	□经常 □有时 □仅一次 □其他		
	经常运行环境	□城市道路 □乡间道路 □高速公路 □其他		
	经常行驶速度	□低速行驶 □高速行驶 □间断行驶 □其他		
	经常使用的档位	□1档 □2档 □3档 □4档 □5档		
	经常使用的燃料	□严格按照车辆要求燃料标号 □使用较低标号燃料 □经常使用乙醇汽油 □偶尔添加乙醇汽油		
	是否使用添加剂	□是 □否 什么样的添加剂		
	曾经发生过什么故障			
	更换过哪些部件			
	最近是否维修过	□是 □否 因什么故障维修_____		
	维修后故障症状是否消失	□是 □否		
	维修后是否又产生其他异常现象	□是 □否 产生的新故障现象_____		

(续)

故障发生的条件	天气	□晴天　□阴天　□雨天　□雪天　□其他
	气温	□炎热天　□热天　□冷天　□寒冷天（大约　　℃）
	地点	□高速公路　□一般公路　□市内　□上坡　□下坡　□粗糙路面　□其他
	发动机冷却液温度	□冷机　□暖机时　□暖机后　□任何温度　□其他
	发动机工况	□起动　□起动后　□急速　□无负荷　□中小负荷　□大负荷　（□匀速　□加速　□减速）行驶　□其他
	故障出现的频率	□间歇发生　□偶然发生　□一直存在　□有规律性
	转速或车速	□发动机急速运转　□发动机中速运转　□发动机高速运转　□所有转速下　□车辆低速行驶　□车辆中速行驶　□车辆高速行驶　□与发动机转速和车速无关
	其他	
故障现象（以发动机为例）	故障指示灯状态	□常亮　□有时亮　□不亮
	□不能起动	发动机不能转动　□无起动征兆　□有起动征兆　□起动后熄灭
	起动困难	□冷车起动困难　□热车起动困难　□起动时转速低
	□急速不良	□急速不稳　□急速高　□急速低　□急速抖动　□发动机负荷增加时急速不良
	□动力不足	□加速迟缓　□回火　□放炮　□喘振　□敲缸　□其他
	□熄火	□起动后立即熄火　□踩加速踏板后熄火　□松加速踏板后熄火　□空调工作时熄火　□挂档时熄火　□其他
	□其他	

8）检查底盘时应检查是否有刮碰、漏油、管路异常等现象。

9）如有下列故障，服务顾问应与客户一起行驶试车，确认客户所指的内容：异响、噪声，加速不良，空调性能存在问题等。

三、制单及派工

（一）制单

1. 估时

（1）维修时间的构成

1）主体作业时间。主体作业时间由实际作业时间与富余时间组成。

① 实际作业时间包括主作业时间与附属作业时间。主作业时间是维修技师直接接触车辆进行作业的时间，包括故障诊断时间与维修作业时间。主作业时间的长短取决于维修技师的技术水平、维修习惯与精神状态。附属作业时间是指伴随主作业产生的作业时间，如取用零部件及工具的时间，检查时维修技师的位置移动、举升机的升降所耗的时间，维修质检时间以及维修后的洗车时间等。

② 富余时间是指在维修作业过程中不可避免的延迟。各工序间交接时存在很多不可避免的延迟，如服务顾问与维修技师交接、质检人员与维修技师交接等。

2）准备时间。准备时间是指进行主体作业前、后所必需的时间。准备时间包括服务顾问与客户的协商时间、车辆移动的时间、文件记录的时间、维修工具和备件的准备时间、维修完毕后的收拾时间等。

(2) 维修时间的估算

1）各企业确定的维修作业标准时间。维修作业标准时间是在正常操作条件下，一个熟练的作业人员以标准的作业方法及合理的劳动强度和速度完成符合质量要求的作业所需的时间。标准时间是生产管理的重要衡量尺度。企业制订的标准时间必须恰当，如果太高，则不能按时完成作业的维修技师将增多，标准就失去了意义；相反，则不能起到提高生产效率的作用。

2）备件供应时间。如果进行作业时，库存没有备件，则会影响客户的维修时间。服务顾问在进行估时时，要确认备件是否有现货，如果无现货，应按下列方式处置：

① 备件管理部门要制订易损件与日常备件的正常供货周期、调货周期以及在应急情况下的最短供货周期以确保服务顾问能够应答客户可能提出的异议。

② 服务顾问在确认备件管理部门的供货时间后要及时告知客户，由客户决定是否继续承修，如果客户承修则按下列原则处置：

a. 如果备件当日能够到货，则要求客户等待，并按照服务流程为客户提供相关的便利服务。

b. 如果备件当日不能到货，则应预收客户备件定金，约定客户下次来店时间，将客户转为预约客户。

c. 如果车辆开始维修后才发现备件无货，则应在约定的交车时间之前告知客户备件供应状况。服务顾问首先要向客户致歉；其次要告知客户时间变更情况；第三要为客户提供其他的交通便利条件，以免影响客户其他时间；最后要与客户约定变更后的交车时间，将客户转为预约客户进行相关管理。

d. 如果客户要求按照紧急供货的时间进行供应，则要告知客户需加收运费，当日不能完成的维修作业可以重新约定交车时间，并转入预约作业管理流程。

e. 如果该备件供应周期长，而客户要求时间紧迫，在企业维修技师能够达到的技术条件下，向客户推荐选用备件修复的方式进行作业。在客户同意的情况下，更换件转为修复件先行使用，然后将客户转为预约客户。

3）洗车所需时间。随着汽车行业服务水平的提高，洗车也渐渐成为交车之前的必要程序之一。严格来讲，洗车并不是维修作业流程的必要步骤。洗车能给客户留下企业服务细心的好印象，但同样也导致了服务时间的延长。在洗车前，服务顾问一定要征求客户的意见，向客户解释可以免费清洗车辆及可能需要的时间，在客户同意后再行安排。

4）维修作业排队等候时间。因为维修企业的工位数是有限的，所以可能出现排队等候维修的情况。这时服务顾问需要与车间主管进行协调，按照先后顺序的原则，明确告知客户所需排队等候的预计时间，如果客户要求按照绿色通道的要求提前排车，则需按照企业的相关规定办理。

2. 估价

(1) 材料费用估算

1）备件费用估算。汽车是由各种零件组成的，要使汽车达到规定的使用性能，不仅对零件的材料、尺寸精度、几何精度及表面质量有要求，而且对总成的配合特性、位置误差和技术特性也有要求。如果不能达到规定的要求，就可能使汽车的整体性能受到影响。因此，汽车备件费用的估算要建立在备件耗损规律的基础上。

服务顾问进行备件估价的注意事项如下：

① 服务顾问要能够熟练查阅备件目录，在备件管理系统查询或与库方确认备件名称、备件编码与备件单价后，方可向客户报价。

② 在报价时，服务顾问要逐项告知客户备件更换或维修的原因和必要性。

③ 如果发生备件缺货的情况，首先要同库方确认能够到货的正常时间及最短时间，然后征求客户意见，是预约等待还是加急催货。如果加急，则客户要另外承担加急费用。

2）辅助材料费用估算。辅助材料是指在汽车维修过程中，被共同消耗掉的一些其他材料，或者难以在各维修作业之间划分的材料。计算时一般按照材料消耗定额进行计算，也可按照维修作业时的工时定额乘以每定额小时辅助材料费用加以确定。各工种在维修作业时领用的低值易耗品、通用紧固件和工具等应包含在工时内，不另收费，如砂布、锯条、钻头、开口销、通用螺钉、螺母、电工胶布等。

(2) 工时费估算　国家没有规定具体的工时费标准，其标准都是各地依据当地的经济水平制订，经物价局审批后执行。我国各省、市、自治区均颁布了地方性的汽车维修工时定额及收费标准（以下简称《定额标准》），虽其工时单价与工时定额各有差异，但其计核方法是基本一致的。

1）工时、工时定额与工时单价。工时不等于施工时间，它是一个综合概念，一般说来维修工时包括维修准备时间、车辆故障诊断时间、实际施工时间、试验时间、调试时间、场地清理时间等，简明来说，即包括生产工时、管理工时、仓储工时和整个行业社会劳动必要时间等。工时定额也可称时间定额，是完成一定工作量所规定的时间消耗量。工时单价由维修企业根据本企业的技术条件、服务质量和市场需求自主定价，并按规定明码标价。无论工时单价规定多少，工时费都应包含以下内容：上缴给国家和地方税务部门的税金，经营、生产与管理的固定成本，经营、生产、管理费用，以及应完成的利润等。

2）工时费的估算方法。

① 对整车大修，使用的计核方法主要有三种。

a. 定额制：完全按企业所在地颁布的《定额标准》中该车型的整车大修定额计核，所涉及的配件、材料费用另行加计。

b. 合同制：采用各工种、工序的工时与配件、材料包干，限额计费，其具体内容由企业和客户协商确认后，在维修委托书中写明。

c. 混合制：一些工种（如发动机、底盘各总成与电气系统的维修）采用按地方颁布的工时定额计核，另一些工种和作业项目（如车身钣金修复、车身涂装、内外装饰修复等）按合同制包干计核。混合制计核方法适应了不同修复难度和不同涂装用料、工艺要求的具体情况，故应用较为普遍。

② 总成大修一般均按定额制计核工时费，但应注意以下两点。

a. 目前汽车不解体检测及诊断技术尚不够完善，还无法在维修前的检测中精确判定总成内部零件的磨损或损坏程度。故向客户告知维修作业项目、制作维修委托书时，应留有余地，即应说明将总成解体，进行零件检验、分类后，才能最后确定零件（特别是曲轴、气缸体等重要零件）的更换方案。到时应请客户到企业现场予以确认后，共同认定零件的更换方案，并在合同中予以确认。

b. 对于正常大修中的一些加工（如发动机总成大修时的镗磨气缸、磨修曲轴等），如果企业缺乏加工设备而采用外协加工，由于该加工费已包含在总成大修工时费中，虽然企业需另支付加工费，但不应向客户加计收取。

汽车维护一般均按定额计核工时费，但在维护过程中应注意划清维护与附加小修（含故障排除）作业项目的界限。在维护中发现了故障、隐患，须作小修处理的，应当及时通知客户，共同确认小修作业项目。

③ 汽车小修的工时费计核比前面的维修项目更为复杂，首先应进行分类。按照专业特点，小修工时费计核方法分为以下三类。

a. 直接计核法。对于单一、直接的客户报修项目，如换火花塞、换制动片、换某灯灯泡、换传动带等，可从《定额标准》中直接查找到其工时定额进行计算。

b. 综合作业法。客户报修更换某一总成、零部件或解决某一明显故障，但完成此项作业涉及周边一个或多个零部件的拆装与调试，这类小修工时费计核的基本方法是：将更换零件或排除故障所相关的其他零部件的拆装与调校工序列出（其工艺程序依各企业自身工艺条件确定最佳方案），查出每道工序对应的工时费，然后累加，得出所需总工时费。将上述工时费一一对应明确列出后，应及时与客户见面，征得其认同，使双方都能心中有数，避免维修后的计价疑虑，此统计资料亦可作为该小修项目内部核算的基本原始依据。

c. 故障诊断法。此类计费方法较前面两类难度更大。因为客户报修时，所报小修项目并非直接是《定额标准》上所列的项目，而绝大多数是以故障现象报修，如发动机有异响、发动机油耗高、发动机运行中易熄火、自动变速器换档迟缓、方向跑偏等。因为产生故障的原因各异，十分复杂，随机因素很多，故各地在制订《定额标准》时，将故障现象的对应修理工时列出是目前难以做到的。为达到明确计核工时费的目的，应把客户所报的故障现象转换为修理、更换或调试引起故障的零部件的检修作业，而实现这个"转换"的唯一手段就是修前检测诊断。因此，这类小修工时费计核的核心问题是故障检测和诊断的水平。

由于各企业故障检测诊断的设备、仪器、资料与具体检测人员的理论、实践水平不一，故同一故障诊断，各企业所投入的精力、时间和设备使用也不一样。但总体来看，对这类小修，企业在故障诊断上的技术、劳动投入是最多的（有的故障诊断过程可达数天），而排除故障的施工，在多数情况下，与技术分析的投入比较要少得多，有的甚至仅占极少工时。因此，这类小修的工时费计核应分为两个部分：第一部分为故障诊断工时费，第二部分为故障排除工时费。第二部分的工时费计核有标准可查，而第一部分的随机因素较多，难以确定。可参考的办法有两种：一是按单项检测、诊断计费，二是按实耗工时计费。因故障诊断在汽车维修中技术含量大，采用按实耗工时计费时需与客户协商，取得认同，即采取合同认定的形式解决。

3）辅助作业工时确定。在汽车修理作业中，除包括更换工时、拆装工时、修理工时外，还应包括辅助作业工时，辅助作业工时通常包括：

① 把汽车安放到修理设备上并进行故障诊断。

②用推拉、切割等方式拆卸破损的零部件。
③相关零部件的矫正与调整。
④去除内漆层、沥青、油脂及类似物质。
⑤修理生锈或腐蚀的零部件。
⑥检查悬架系统和转向系统的定位。
⑦拆卸打碎的玻璃。
⑧更换防腐材料。
⑨当温度超过60℃时，拆装主要电脑模块。
⑩拆卸及安装车轮和轮毂罩。

(3) 估价时应该注意的相关问题

1) 自带配件问题。有时客户会自己到市场上采购低价的修车配件，修车时声明自带配件。对这类送修方式，汽车维修企业应按《汽车维修质量纠纷调解办法》的规定来处理。为维护托修方和维修企业双方的合法权益，在维修企业愿意承修时，企业需与客户签订合同，注意明确以下两点：

① 由于客户使用的是自购配件，承修方对竣工车辆不承担质量担保责任。
② 因换用该配件所引起的任何车辆故障、损坏和事故，由客户自行负责；属承修方施工工艺或操作不当引起的车辆故障、损坏，由承修方免工时费返修。

2) 旧件修复的问题。在汽车维修中，有些零件，特别是重要零件在损坏后，一是无法购买到，二是配件价格高。在有条件修复的情况下，可进行修复。

旧件修复费用是指修复基础件、总成件和零部件（不含就车修理加工的零部件），使其符合质量标准所产生的工时费。在实际工作中，很多维修企业在总成出现部分损坏时，多采用更换的方法，虽然更换备件可以缩短维修时间，但实质上却造成了原材料的极大浪费。有时备件缺货或价格较高，也需采用修复的方式。在实际工作中可采用如下原则来权衡是否采用旧件修复：

① 修复件的计费，无论按新件价格的多大比例确定，都应与客户协商，取得认同，并签订合同。
② 要在征求客户意见的前提下考虑旧件是否修复使用。
③ 修复件必须达到相关质量标准要求，且应对该件实行质量担保。
④ 如果涉及安全性的配件或已达到耗损期的旧件有损伤，需直接更换而不宜采用修复的方式。

3. 维修委托书制作

维修委托书是客户与企业之间的重要文件，确立了客户与企业之间的契约关系，服务顾问必须认真填写维修委托书，由服务顾问与客户签字认可才能完成维修委托书的制作。客户签字确认之前，服务顾问必须向客户解释以下三方面的内容：

(1) 维修项目　服务顾问应该向客户说明的维修项目主要包括：车辆故障原因分析及故障处理方法，维修更换的零件。如有必要，邀请客户一同进行路试。

(2) 维修费用　服务顾问应向客户详细说明车辆的维修费用，包括：总费用，总零件费、总工时费，每项工作分别包含的零件费、工时费，优惠或免费费用（套餐项目、质量担保项目、预防行动项目等）。

（3）**其他情况** 除了解释维修项目和费用，服务顾问还应告知客户预计维修时间；向客户介绍增值服务项目（如果有），说明已经完成且是免费的（如优惠活动等）；向客户建议近期要做的维修，提醒客户下次维护的里程与时间等。

（二）派工

1. 派工的基本要求

1）服务接待过程中所确定的服务项目，以维修委托书形式交车间主管或调度员安排车辆维修工作。

2）确保维修任务分配均衡。合理利用可用维修时间，不应出现同工种不同班组工作量差异过大现象。

3）以下工作应该予以优先安排：

① 与产品活动有关的工作（如公司统一组织的车辆召回、服务活动等）。

② 返修工作。

③ 预约回厂服务工作。

④ 质量保修工作。

4）掌握相关维修班组及个人的技术水平。

5）了解维修工作类别、工作复杂程度及标准作业时间进行妥善地派工。

2. 派工工作流程

派工工作流程如图 3-11 所示。

四、跟踪服务及完工检查

（一）跟踪服务

1. 跟踪维修服务进程

（1）**随时记录** 随手准备一个笔记本，记录维修车辆的维修动态和出现的意外情况，因为服务顾问可能要同时管理几辆在修车，光凭记忆可能造成遗漏。

（2）**随时与车间保持联系** 维修委托书签订以后，及时地将相关的资料转交给各部门的负责人，并与之保持联系，了解车辆维修的最新进展。随时向相关人员解释其对维修委托书的疑问，并向相关人员转达客户新的要求或客户的有关答复意见。

（3）**使用维修作业管理看板** 一旦客户签订了维修委托书，就应该将客户车辆的维修计划反映到维修作业管理看板上，内容包括维修技工、预计的完工时间等，据此跟踪维修进度并将维修过程中发生的意外情况反映到该看板上，如发现新问题等待客户回复、等待备件、在修、完工待检、检验合格、等待结算等。

2. 向客户传达信息

1）简短、清楚、准确地向客户汇报在其车辆上发现的情况。

2）如果维修工作不能如期完成或不能满足当初的协议，应提出一个既适合维修车间情况又符合客户要求的解决方案。

3）告诉客户所需的额外费用和时间。

4）争取得到客户的同意。

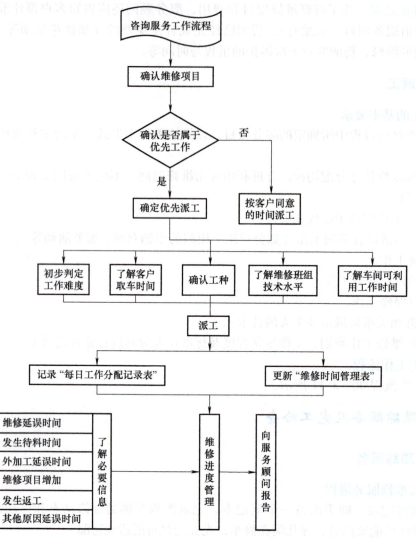

图 3-11 派工工作流程

5）拟定临时替代车辆计划。

（二）完工检查

维修质量检查工作流程如下：

1）明确汽车维修质量要求。根据汽车维修技术标准和考核汽车技术状态的指标，明确检验的项目和各项目的质量标准。

2）测试。用一定的方法和手段测试维修车辆或总成的有关技术性能参数，得到质量特性值数据。

3）比较。将测试得到的反映质量特性值的数据同质量标准要求做比较，确定是否符合汽车维修质量要求。

4）判定。根据比较的结果判定车辆或总成的维修质量是否合格。

5）处理。对维修质量合格的车辆发放《机动车维修竣工出厂合格证》，对不合格的车辆，记录所测得的数据和判定的结果，查找原因并进行反馈，以促使各维修工序改进质量。

五、维修票据及财务结算

1. 维修票据服务

发票是单位和个人在购销商品、提供或者接受服务以及从事其他经营活动中，开具、收取的收付款凭证。发票根据其作用、内容及使用范围的不同，可以分为普通发票和增值税专用发票两大类。

1）普通发票。开具发票的一般规定如下：发票限于领购单位和个人自己使用，不准买卖、转借、转让、代开。向消费者个人零售小额商品，也可以不开发票，如果消费者索要发票不得拒开。开具发票要按规定的时限、顺序、逐栏、全部联次一次性如实开具，并加盖单位财务印章或者发票专用章。未经税务机关批准，不得拆本使用发票。填开发票的单位和个人必须在发生经营业务确认经营收入时开具发票，未发生经营业务一律不准开具发票。发票只能在工商行政管理部门发放的营业执照上核准的经营业务范围内填开，不得自行扩大专业发票使用范围。填开发票时，不得按照付款方的要求变更商品名称、金额。

2）增值税专用发票。增值税专用发票是为加强增值税的征收管理，根据增值税的特点而设计的，专供增值税一般纳税人销售货物或应税劳务使用的一种特殊发票。增值税专用发票只限于经税务机关认定的增值税一般纳税人领购使用。

2. 财务结算

（1）同城结算与异地结算　　财务结算按交易双方所处的地理位置划分，可分为同城结算与异地结算两种。

1）同城结算。同城结算是指同一城镇内各单位之间发生经济往来而要求办理的转账结算。同城结算的方式有支票结算、委托付款结算、托收无承付结算和同城托收承付结算等。其中，支票结算是最常用的同城结算方式。

2）异地结算。异地结算是指异地各单位之间发生经济往来而要求办理的转账结算。异地结算的基本方式有异地托收承付结算、信用证结算、委托收款结算、汇兑结算、银行汇票结算、商业汇票结算、银行本票结算和异地限额结算等。其中，异地托收承付结算、银行汇票结算、商业汇票结算、银行本票结算和汇兑结算是最常用的异地结算手段。

（2）现金结算与转账结算　　财务结算按其支付方式的不同，可分为现金结算和转账结算。

六、客户忠诚度的培养

忠诚的客户是企业巨大的财富，原因在于他们会经常性地购买其产品，会交叉购买相关产品或服务，会对竞争对手的促销活动产生免疫力，会积极向别人推荐产品或服务。根据"二八法则"，一般来说，企业80%的利润是由20%的忠诚客户创造的。因此，保持较高的客户忠诚度几乎是每一个汽车企业追逐的目标。培养客户忠诚度的措施主要有以下几点。

1. 优异的质量

众所周知，长期稳定的优异质量是维系客户忠诚的根本所在。质量的含义不再仅仅停留在硬性的标准上，而有了更高的要求，需要企业更加注重客户的个性化需求。从某种程度上讲，客户的要求就是质量的标准。汽车维修企业应积极适应现代消费者个性化要求，向客户尽可能多地提供其所需要的产品或服务，以此来留住客户。

2. 优惠的价格

现在的消费者对价格的敏感性大大加强，因此，汽车维修企业应充分审视价格结构及竞争对手的价格体系，理性地拟定产品价格，以尽可能低的价格向消费者提供良好的产品和服务，让客户真正感觉到实惠，得到客户的价值认同。

3. 优质的服务

美国的一家咨询公司的调研显示，客户从一家企业转移到另一家企业，70%的人是因为服务质量的问题。随着科学技术的进步和市场竞争的加剧，汽车维修企业的产品在价格和质量方面的差距越来越小，服务质量已成为企业竞争的重要影响因素。面对消费者个性化和快捷的服务要求，企业只有建立完善的客户服务系统，创建服务优势，让客户真正体验到"上帝"的感觉，才能留住客户，从而建立客户对企业的忠诚。

4. 沉没成本的影响

在与企业交往一段时间后，老客户通常会发现：如果更换品牌或卖方，会受到沉没成本和只能从现在的卖方获得的延迟利益的限制。例如，一些汽车维修企业在客户购买汽车备件金额达到一定的数量后，在其继续购买的时候会给予一定的价格优惠。这样，频繁购买产品的客户就加强了对这家企业的忠诚度。一般来讲，企业建构转移壁垒，使客户在更换品牌或卖方感到转移成本过高，原来获得的利益会因转移而流失，这样可以加强客户对企业的忠诚。

5. 感情投资

亲和友善的客户关系在企业提供产品的同时，能够满足客户感情上的需要，通过心理作用，提升产品价值和企业形象。现在，很多汽车维修企业注重对员工进行教育，鼓励员工在服务过程中与客户建立融洽、牢固的关系，并对这种关系的维护进行持续的感情投资。

任务三　事故车辆维修业务接待流程

 任务目标

1. 掌握接车服务的流程，能够说明事故车辆维修接待的内容。
2. 了解常见事故车辆索赔的程序，能够表述保险车辆的维修流程。
3. 根据车辆出险后的场景，分析客户类型，确定接待方案。

 建议学时

6学时。

 相关知识

一、事故车辆接待

目前，很多汽车经销商、汽车维修企业都通过与保险公司签订协议，成为保险公司的代理。客户可以通过代理来购买保险，投保车辆出险后直接在指定专营店进行维修，快捷高效并值得客户信赖。

事故车辆的维修工作较为复杂，在索赔过程中时常伴随着客户与保险公司的纠纷，因此，对服务顾问的素质要求较高。为方便事故车辆的理赔工作，许多品牌售后服务部都开辟了"事故车维修接待处"，并聘请熟悉事故车辆的接待、理赔等各项流程，对事故车辆的定损、理赔等拥有丰富经验，熟悉代理上牌、续保业务流程，有较强事故车辆业务拓展能力以及客源关系较好的服务顾问担任事故车辆的接待及索赔工作。

客户车辆出险后，根据客户对保险索赔流程了解的不同，客户会做出不同的反应。一些客户会主动和保险公司联系，一些客户会和4S店联系。当客户出险后和4S店联系时，服务顾问要做好客户的安抚与引导工作。单方事故时报保险公司，双方事故时先报交警再报保险公司，客户如需拖车服务，服务顾问要确定客户事故车辆所在的位置及现场人员的联系方式并及时安排拖车。

1. 接车服务

1）服务顾问对前来报修的客户要主动迎接、问候。

2）了解客户车辆事故状况，与客户一起进行车辆外检、照相、定损、估价，若保险公司已估价，且与4S店估价出入较大，则应与保险公司协商。

3）请客户填写出险证明，并请客户提供相应的文件，包括保险单正本、事故责任认定书、驾驶证、行驶证、被保险人身份证。

4）若客户未向保险公司报案，应视情况及时代客户报案。

5）根据事故状况、客户要求以及保险公司定损的定损单，制订维修委托书。

6）请客户确认维修项目，并且在维修委托书上签字。

7）根据车间的修理进度，与客户商定取车的时间，并注于维修委托书上。

8）将事故车辆移入车间进行修理。

事故车辆接待流程如图3-12所示。

2. 常见的车辆保险种类及条款

（1）**机动车交通事故责任强制保险** 机动车交通事故责任强制保险（简称交强险）是指由保险公司对被保险机动车发生道路交通事故造成本车人员、被保险人以外的受害人的人身伤亡、财产损失，在责任限额内予以赔偿的强制性责任保险。依据此条的规定：

1）该强制性保险只承保机动车上的人员、被保险人之外的第三人所遭受的损害。

2）第三人所遭受的损害包括人身损害和财产损失，但不包括精神损害。

3）该强制性保险有一定的责任限额，保险人只在该责任限额内承担支付保险金的责任。

交强险责任限额是指被保险机动车发生道路交通事故，保险公司对每次事故所有受害人的人身伤亡和财产损失所承担的最高赔偿金额。交强险在全国范围内实行统一的责任限额。交强险责任限额见表3-12。

表3-12 机动车交通事故责任强制保险责任限额

被保险车辆责任情况	死亡伤残赔偿限额/元	医疗费用赔偿限额/元	财产损失赔偿限额/元
被保险机动车在道路交通事故中有责任	110000	10000	2000
被保险机动车在道路交通事故中无责任	11000	1000	100

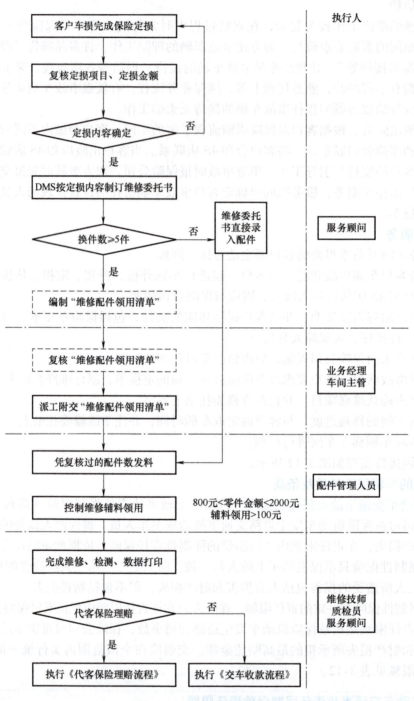

图 3-12 事故车辆接待流程

（2）**机动车商业保险** 在交强险之外，还有机动车商业保险。根据保障的责任范围，机动车商业保险分为基本险和附加险，如图 3-13 所示。

3. 常见事故车辆索赔的程序

车辆出险索赔流程如图 3-14 所示。

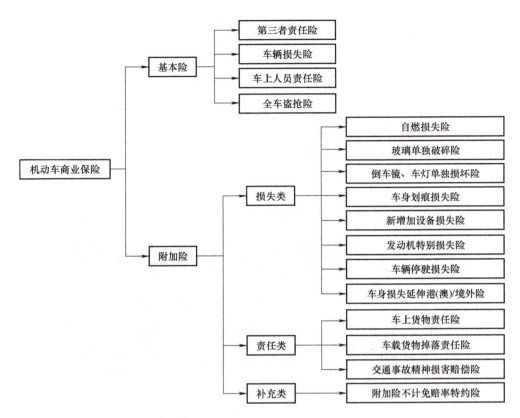

图 3-13　机动车商业保险的分类

二、查勘定损

客户车辆出险报保险公司后,保险公司会安排查勘人员去现场查勘,如事故损失部分较小、较清晰,可当场定损;如损失较严重,则要到 4S 店进行拆检定损。服务顾问要在事故车辆到店时做好接待,安排好相应工位,并协助客户和保险公司做好拆检定损工作。

三、保险车辆的维修流程

1)保险车辆进厂后应确定是否需要保险公司进行受损车辆损伤鉴定,若需要,由业务经理负责联系保险公司进行鉴定。切不可不经保险公司而直接拆卸,以免引起纠纷。

2)要积极协助保险公司完成对车辆的查勘、照相及定损等必要工作。

3)保险公司鉴定结束后,由车间主管负责安排班组进行拆检。各班组长将拆检过程中发现的损伤件列表,并通知车间主管或业务经理。

4)服务主管将损伤件列表后联系保险公司,对车辆进行全面定损并协商保险车辆维修费用。定损时应由业务经理陪同,业务经理不在,应提前向服务顾问交代清楚。

5)服务顾问根据保险公司定损单下达维修委托书。若有客户自费项目,应征得客户同意,并另开具一张维修委托书,然后将维修委托书交由车间主管安排生产。

6)服务顾问开完维修委托书后,将定损单转给报价员。

7)报价员将定损单所列材料项目按次序填入汽车零部件报价单,报价单必须注明车牌号、

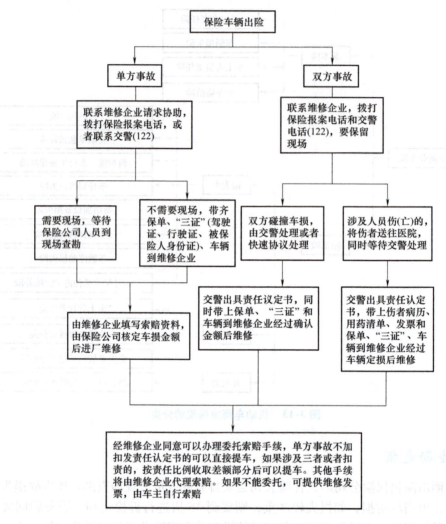

图3-14 车辆出险索赔流程

车型、底盘号、零部件单位,然后与相关配件管理人员确定配件价格,并转给备件主管审查。

8)报价员在备件主管确定备件价格、数量、项目后,向保险公司报价,并负责价格的回返。

9)报价员将保险公司返回的价格交备件主管审核,如价格有较大出入,由业务经理同保险公司协调。报价员将协调后的回价单复印后,把复印件交给备件主管。

10)对于定损时没有发现的车辆损失,由业务经理协调保险公司,由保险公司进行二次查勘定损。

11)如有客户要求自费更换的部件,必须由客户签字后才可到备件库领料。

12)保险车辆维修完毕后应严格检验,确保维修质量。

13)维修车间将旧件整理好,以便保险公司或客户检查。

14)检验合格后,维修委托书转服务顾问审核,注明客户自费项目,审核后转结算处。

15)服务顾问在结算前将所有单据准备好。

16)服务顾问通知客户结账,业务经理负责车辆结账解释工作。

17）如有赔款转让，由业务经理协调客户、保险公司办理。

保险车辆的维修流程如图 3-15 所示。

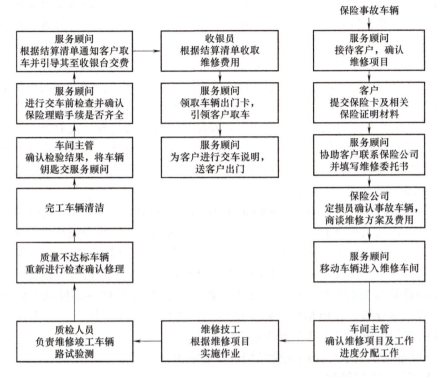

图 3-15　保险车辆的维修流程

四、常损零件修与换的掌握

在事故车辆的定损作业中，受损零件的修与换是困扰服务顾问的一个难题，在保证汽车修理质量的前提下，用最小的成本完成受损部位的修复是服务顾问定损的原则。碰撞中常损零件有承载式车身结构件、车身覆盖件、塑料件和机械类零件及电器件等。

(1) 车身结构件修与换的掌握　碰撞受损的承载式车身结构件的修复与更换的简单判断原则是弯曲变形就修，折曲变形可以换，而不是必须更换，从而避免可能产生更大的车身损伤。需要特别说明的是：

1）高强度钢在任何条件下，都不能用加热来校正。

2）如果损伤部位与非损伤部位的过渡平滑、连续，通过拉拔校正可使其恢复到事故前的形状，而不会留下永久的塑性变形，则可以判定为弯曲变形。

3）如果弯曲变形剧烈，曲率半径小于 3mm，通常在很短的长度上弯曲 90°以上；校正后，零件上仍有明显的裂纹或开裂，或者出现永久变形带，不经过调温加热处理不能恢复到事故前的形状，则可以判定为折曲变形。

(2) 车身覆盖件修与换的掌握　承载式车身覆盖件通常包括可拆卸的前翼子板、车门、发动机舱盖、行李舱盖和不可拆卸的后翼子板、车顶等。

1）可拆卸件修与换的掌握。

① 前翼子板的修与换。损伤程度没有达到必须将其从车上拆下来才能修复，如整体形状还在，只是局部凹陷，一般不考虑更换。损伤程度达到必须将其从车上拆下来才能修复，并且材料价格达到或接近修复工费，应考虑更换。如果每米折曲、破裂变形超过3个，一般整形和热处理后很难恢复其尺寸，应考虑更换；如果每米长度不足3个折曲、破裂变形，且基准形状还在，应考虑整形修复。如果修复工费明显小于更换费用，应考虑以修理为主。

② 车门的修与换。如果车门门框产生塑性变形，一般来说是无法修复的，应考虑以更换为主。许多汽车的车门面板是可以作为单独零件供应的，面板可以单独更换，不必更换车门总成。

③ 发动机舱盖和行李舱盖的修与换。绝大多数汽车的发动机舱盖和行李舱盖是由两个冲压成形的冷轧钢板经翻边胶粘制而成的。判断碰撞损伤变形的发动机舱盖或行李舱盖是否要将两层分开进行修理，如果不需将两层分开，则不应考虑更换。若需要将两层分开整形修理，应首先考虑工费与辅料费用。如果该费用接近或超过更换费用，则应考虑更换。

④ 其他可拆卸件的修理原则同车门。

2）不可拆卸件修与换的掌握。碰撞损伤中最常见的不可拆卸件就是三厢式车身的后翼子板。更换时需将其从车身上切割下来，而国内绝大多数汽车维修企业在切割和焊接上满足不了制造厂提出的工艺要求，从而可能造成车身结构新的修理损伤。所以，在国内现有的修理设备和工艺水平下，后翼子板只要有修理的可能性都应采取修理的方法修复。

（3）塑料件修与换的掌握　随着汽车工业的发展，车身各种零部件越来越多地使用塑料制成，特别是车身前部，包括保险杠、格栅、挡泥板、仪表工作台、仪表板等均为塑料件。塑料件的修与换应从以下几个方面来考虑：

1）对于燃油箱及要求严格的安全结构件，必须更换。

2）整体破碎应以更换为主。

3）价值较低、更换方便的零件应以更换为主。

4）应力集中部位应以更换为主。

5）基础零件，且尺寸较大，受损为划痕、撕裂、擦伤或穿孔，应以修理为主。

6）表面无漆面的、不能使用氰基丙烯酸酯粘接修理的且表面美观要求较高的塑料件，应以更换为主。

（4）机械类零件修与换的掌握

1）悬架系统零件修与换的掌握。汽车悬架系统中的任何零件都不允许用校正的方法进行修理。当车轮定位仪器检测出车轮定位不合格，且用一般量具又无法判断出具体的损伤和变形的零部件时，不要轻易做出更换悬架系统中某个零件的决定。车轮外倾、主销内倾和主销后倾都与车身定位尺寸密切相关。车轮外倾、主销内倾和主销后倾有偏差时，首先分析是否是碰撞造成的。由于碰撞事故不可能造成轮胎的不均匀磨损，所以可通过检查轮胎的磨损是否均匀初步判断事故前的车轮定位情况。

在消除磨损等原因，校正好车身使得相关定位尺寸正确后，再做车轮定位检测。如果此时车轮定位仍不合格，则应根据其结构、维修手册判断具体的损伤部件，逐一更换、检测，直到损伤部件确认为止。上述过程通常非常复杂而又烦琐，且技术含量较高。由于悬架系统中的零件都涉及安全性，且价格较高，定损工作切不可掉以轻心。

2）铸造基础件修与换的掌握。汽车的发动机气缸体、变速器、主减速器和差速器的壳体常由球墨铸铁或铝合金铸造而成。在遭受冲击载荷时，往往会造成固定支架的断裂。一般情况下是可以进行焊接修理的。

但不论是球墨铸铁还是铝合金铸件，焊接都会造成其变形。这种变形通常看不出来，但由于有的焊接部位周围对形状尺寸要求较高（如发动机气缸壁、变速器、主减速器和差速器的轴承座），用焊接的方法修复是不行的，一般来说，应考虑更换。

（5）电器件修与换的掌握　有些电器件在遭受碰撞后，它的外观没有损伤，但无法工作，应认真检查是否因系统中的电路保护装置起了作用。

熔断器、熔丝链、大限流熔丝和断路器都是过电路保护装置，它们可以单独使用，也可以配合使用。碰撞会造成系统过载，在这个前提下，电器件等更换与否，要考虑电路保护装置作用与否。如果电路保护装置损坏，则要单独检测电器件是否也损坏，再考虑是否更换。

五、结算及车辆交付

1. 财务结算服务

1）客户报修车辆维修竣工后，首先查看维修委托书上是否有质检员签字，若没有则退回车间再交车。

2）将维修委托书上实际完成的维修项目输入计算机，并同时输入工位号、主修人。

3）按照约定时间通知客户提车。

4）向客户介绍维修的情况，并请客户验车。

5）在客户满意后办理提车手续（收回客户提车联），客户自己垫付的，需按照结算单上的维修金额交费，财务人员开具维修发票。

6）若是直接与保险公司结算的，则在系统网络结算后打印结算清单并请客户签字认可，会计单联财务存查，结算单联交至保险公司，如客户需要，可以给客户复印件。相关资料服务部留存。检查客户提供的文件是否齐全、正确、有效。

> **小知识**
>
> 客户索赔档案所需资料包括：结算报告、维修委托书、问诊预检单、保险事故车辆损失情况确认书、机动车保险事故现场查勘记录（附事故经过描述及车主签字）、被保险人驾驶证和行驶证及身份证复印件等。

2. 保险公司结算流程

1）将客户的索赔档案移交给保险内勤员，核对手续的完整性并在整理赔案的同时记录到保险事故车理赔报表中。

2）将保险赔案资料交保险公司审核，留下客户的银行账号。

3）在赔款到账后，根据赔款申请表与财务部逐一核对，两部门确认后存档。

4）根据赔案填写支出单并由财务人员审核，总经理签字确认后，通知客户取款。

小提示

保险理赔说明

1）对于"两无"事故车辆（"两无"即无现场、无交警证明或者公安证明），客户无法提供理赔要件，不能委托代理。

2）涉及物损和双方、多方事故的，原则上4S店是不予代办的，但可代跑保险理赔相关手续。如遇客户强烈要求，可请示售后服务经理和总经理，经其同意后，符合代办条件的由客户垫付维修额的30%~50%；在保险索赔回款后，客户先期垫付部分可返还给客户。

3）对公安交警事故证明的责任认定需要认真核对，同时依照相应保险公司的规定留意保险理赔中的责任免赔情况，免赔部分由客户承担。

4）礼貌提醒客户，在车辆修复完毕时，若客户未能提供齐全的代赔资料，则将预收全额维修款。

5）对于牵涉人伤的事故，在短期难以结案时，也要礼貌地告知客户在修后交车时要同时结账，将提供完整的资料，以便客户自己向保险公司索赔或者协助客户向保险公司进行索赔。

6）对于外地的保险索赔，全额收取维修款，出具相应的维修资料和发票，请客户自行理赔。

7）保险代办只针对签订代办委赔协议的保险公司，其他保险公司不办理委赔，但可帮助客户代办保险理赔相关手续。遇客户强烈要求代办委赔时，可在售后服务经理和总经理同意后，由客户垫付维修额的50%，回款后返还客户。

任务四 常见客户异议处理

任务目标

1. 掌握汽车质量担保的知识，能够识别车辆的三包情况。
2. 通过对汽车三包责任规定的解析，能够处理重要零部件、易损耗零部件质量担保问题，能够识别退换车情况。
3. 熟悉车辆返修管理制度，能够识别返修车辆的责任属性。
4. 掌握客户价格异议的处理方法和处理技巧，能够处理客户价格异议。

建议学时

6学时。

相关知识

一、三包业务异议处理

1. 汽车质量担保

汽车质量担保政策主要包括新车质量担保、备件质量担保及汽车维修质量担保。汽车同其他产品一样都有质保期，也称为质量保证期。汽车厂家一般会给出行驶时间和行驶里程两个质保期的限定条件,且以先到者为准。在质保期内,用户在规定的使用条件下使用,车辆由于制造、装配及材料质量问题所造成的各类故障或零部件的损坏(丧失使用功能的),经过厂家授权维修站检验并确认后均由厂家提供无偿维修或更换相应零件,以确保车辆正常行驶。

2. 家用汽车产品三包责任规定及解析

2012年12月国家质量监督检验检疫总局公布了《家用汽车产品修理、更换、退货责任规定》,自2013年10月1日起施行。

(1) 三包的概念　汽车产品生产者、销售者和修理者在质量保证期内,因汽车产品质量问题,对汽车产品修理、更换和退货的活动及责任。

产品质量问题是指家用汽车产品出现影响正常使用、无法正常使用或者产品质量与法规、标准、企业明示的质量状况不符合的情况。

(2) 三包的主体

1) 生产者,是指生产家用汽车产品并以其名义颁发产品合格证的单位。

2) 销售者,是指以自己的名义向消费者直接销售、交付家用汽车产品并收取货款、开具发票的单位或者个人。

3) 修理者,是指与生产者或销售者订立代理修理合同,依照约定为消费者提供家用汽车产品修理服务的单位或者个人。

4) 经营者,包括生产者、销售者、向销售者提供产品的其他销售者、修理者等。

(3) 三包有效期和保修期　家用汽车产品保修期限不低于3年或者行驶里程60 000km,以先到者为准;家用汽车产品三包有效期限不低于2年或者行驶里程50 000km,以先到者为准;家用汽车产品保修期和三包有效期自销售者开具购车发票之日起计算。

(4) 保修条件　在家用汽车产品保修期内,家用汽车产品出现产品质量问题,消费者凭三包凭证由修理者免费修理(包括工时费和材料费)。

家用汽车产品自销售者开具购车发票之日起60日内或者行驶里程3000km之内(以先到者为准),发动机、变速器的主要零件出现产品质量问题的,消费者可以选择免费更换发动机、变速器。发动机和变速器总成的主要零件种类范围见表3-13。

表3-13　发动机和变速器总成的主要零件种类范围

总　　成	主要零件种类范围
发动机	曲轴、主轴承、连杆、连杆轴承、活塞、活塞环、活塞销
发动机	气缸盖
发动机	凸轮轴、气门
发动机	气缸体
变速器	箱体
变速器	齿轮、轴类、轴承、箱内动力传动元件(含离合器、制动器)

家用汽车产品的易损耗零部件在其质量保证期内出现质量问题的,消费者可以选择免费更换易损耗零部件。易损耗零部件的种类范围见表3-14。

表 3-14　易损耗零部件的种类范围

序　号	种类范围
1	空气滤清器
2	空调滤清器
3	机油滤清器
4	燃料滤清器
5	火花塞
6	制动衬片
7	离合器片
8	轮胎
9	蓄电池
10	遥控器电池
11	灯泡
12	刮水器刮片
13	熔丝及普通继电器（不含集成控制单元）

在家用汽车产品保修期内，因产品质量问题每次修理时间（包括等待修理备用件时间）超过 5 日的，应当为消费者提供备用车，或者给予合理的交通费用补偿。修理时间自消费者与修理者确定修理之时起，至完成修理之时止。一次修理占用时间不足 24 小时的，以 1 日计。

（5）退换车条件　在家用汽车产品三包有效期内，符合本规定更换、退货条件的，消费者凭三包凭证、购车发票等由销售者更换、退货。

家用汽车产品自销售者开具购车发票之日起 60 日内或者行驶里程 3000km 之内（以先到者为准），家用汽车产品出现转向系统失效、制动系统失效、车身开裂或燃油泄漏，消费者选择更换家用汽车产品或退货的，销售者应当负责免费更换或退货。

> **小知识**
>
> 在家用汽车产品三包有效期内，发生下列情况之一，消费者选择更换或退货的，销售者应当负责更换或退货：
>
> 1）因严重安全性能故障累计进行了 2 次修理，严重安全性能故障仍未排除或者又出现新的严重安全性能故障的。
>
> 2）发动机、变速器累计更换 2 次后，或者发动机、变速器的同一主要零件因其质量问题，累计更换 2 次后，仍不能正常使用的，发动机、变速器与其主要零件更换次数不重复计算。
>
> 3）转向系统、制动系统、悬架系统、前/后桥、车身的同一主要零件因其质量问题，累计更换 2 次后，仍不能正常使用的。

汽车系统的主要零件种类范围见表3-15。

表3-15 汽车系统的主要零件种类范围

汽车系统	主要零件种类范围
转向系统	转向机总成
转向系统	转向柱、转向万向节
转向系统	转向拉杆（不含球头）
转向系统	转向节
制动系统	制动主缸
制动系统	轮缸
制动系统	助力器
制动系统	制动踏板及其支架
悬架系统	弹簧（螺旋弹簧、扭杆弹簧、钢板弹簧、空气弹簧、液压弹簧等）
悬架系统	控制臂、连杆
前/后桥	桥壳
前/后桥	主减速器、差速器
前/后桥	传动轴、半轴
车身	车身骨架
车身	副车架
车身	纵梁、横梁
车身	前后车门本体

在家用汽车产品三包有效期内，因产品质量问题修理时间累计超过35日的，因同一产品质量问题累计修理超过5次的，消费者可以凭三包凭证、购车发票，由销售者负责更换。

（6）使用补偿费用的计算　按照本规定更换或者退货的，消费者应当支付因使用家用汽车产品所产生的合理使用补偿，销售者依照本规定应当免费更换、退货的除外。合理使用补偿费用的计算公式为：［（车价款(元)×行驶里程(km)）/1000］×n。使用补偿系数n由生产者根据家用汽车产品使用时间、使用状况等因素在0.5%至0.8%之间确定，并在三包凭证中明示。

（7）免责情况　在家用汽车产品保修期和三包有效期内，存在下列情形之一的，经营者对所涉及产品质量问题，可以不承担本规定所规定的三包责任：

1）消费者所购家用汽车产品已被书面告知缺陷瑕疵的。

2）家用汽车产品用于出租或其他营运目的的。

3）使用说明书中明示不得改装、调整、拆卸，但消费者自行改装、调整、拆卸而造成损坏的。

4）发生产品质量问题，消费者自行处置不当而造成损坏的。
5）因消费者未按照使用说明书要求正确使用、维护、修理产品，而造成损坏的。
6）因不可抗力造成损坏的。

在家用汽车产品保修期和三包有效期内，无有效发票和三包凭证的，经营者可以不承担本规定所规定的三包责任。

3. 三包凭证

三包凭证包括正反两面，其中正面应至少包括产品信息、生产者信息、销售者信息、三包条款等；背面应列出其他汽车三包相关信息。其他汽车三包相关信息主要包括：主要总成和系统的主要零件种类范围；易损耗零部件的种类范围及质量保证期；退换车的使用补偿系数及计算公式；需要根据车辆识别代号等定制的特殊零部件信息。生产者可根据修理者的网点分布、数量等情况，将修理者信息另附资料予以列出。

三包凭证正面内容见表3-16，背面内容见表3-17。

表3-16 三包凭证正面内容

三包凭证编号：			
产品信息			
产品品牌：		型号：	
车辆类型：		车辆规格：	
车辆识别代号：		生产日期：	
生产者信息			
名称：		邮政编码：	
地址：		客服电话：	
销售者信息			
名称：		邮政编码：	
地址：		电话：	
销售日期：			
三包条款			
汽车产品保修期：			
汽车产品三包有效期：			
其他三包责任承诺：			
销售者签章：			

注1：车辆类型参见GB/T 3730.1—2001，车辆规格参见GA 24.4—2005。
注2：车辆识别代号是三包凭证的唯一编号。

表3-17　三包凭证背面内容

主要总成和系统的主要零件种类范围

总成和系统	主要零件的种类范围
发动机	……
	……
	……
	……
	……
……	……
	……
	……

易损耗零部件种类范围及质量保证期

易损耗零部件	质量保证期
……	××个月/××万公里
……	××个月/××万公里
……	……

退换车的使用补偿系数及计算公式：

需要根据车辆识别代号等定制的特殊零部件种类范围：

4. 三包预警车辆的维修维护

（1）三包预警条件　三包车辆预警项目、橙色与红色预警条件见表3-18。

表3-18　三包预警条件

预警项目	橙色预警条件	红色预警条件
因产品质量问题累计修理时间	20日	25日
因同一产品质量问题累计修理次数	3次	4次
发动机、变速器累计更换次数，或者发动机、变速器同一主要零件因质量问题累计更换次数	1次	2次
转向系统、制动系统、悬架系统、前/后桥、车身的主要零件累计修理次数	1次	2次
转向系统、制动系统、悬架系统、前/后桥、车身的同一主要零件因质量问题累计更换次数	1次	2次

（2）预约　对于已出现预警信息的车辆，应尽量进行维护类的预约，预约流程如图3-16所示。

（3）接车　接车流程如图3-17所示。

在请客户签字确认后，接车单随车流转，在结算时存留，不交给客户。

（4）问诊　问诊流程如图3-18所示。

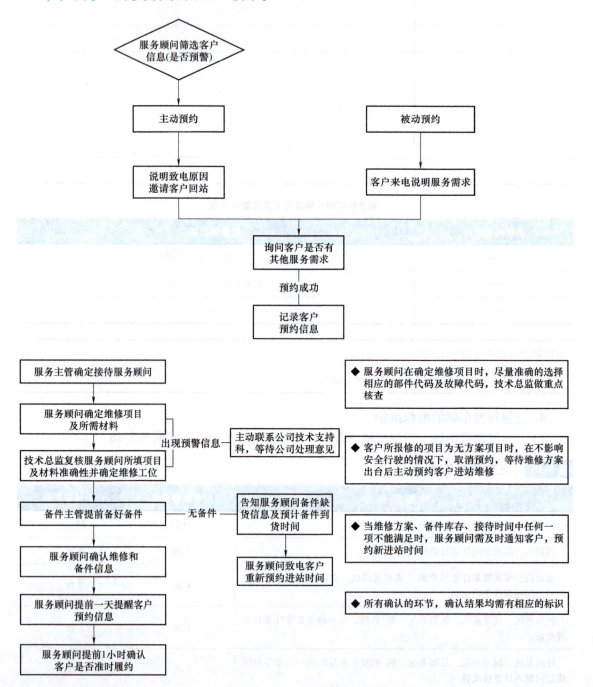

图3-16　预约流程

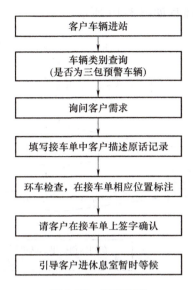

图3-17 接车流程

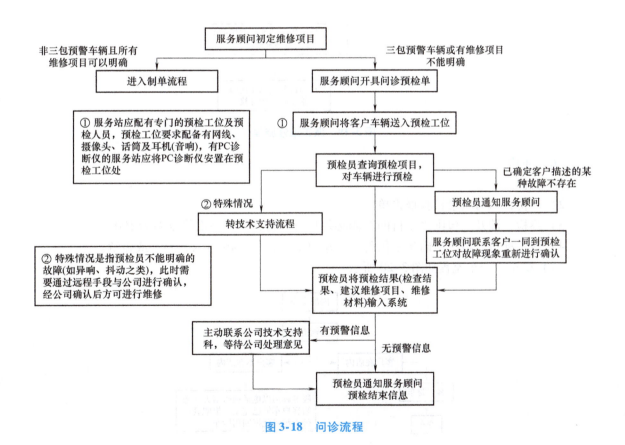

图3-18 问诊流程

（5）派工维修　派工维修流程如图3-19所示。

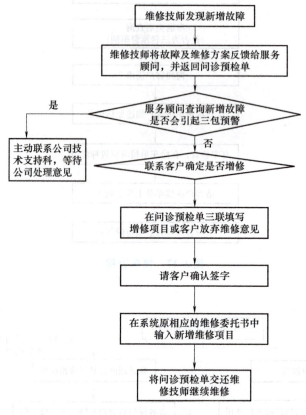

图3-19　派工维修流程

（6）质检

1）自检。

2）互检，填写质量检验报告单。

3）终检，涉及三包维修项目的车辆必须执行终检，保证一次修复率为100%。

4）竣工准备，将终检确认单依附于交车单上，客户、4S店双方签字或盖章。

（7）交车　交车流程如图3-20所示。

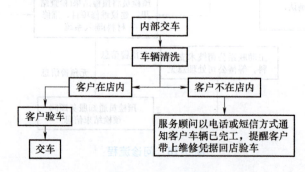

图3-20　交车流程

交车时，必须当面与客户确认维修时间，并双方签字；若客户不在店内，可先与客户沟通说明，明确维修时间。

（8）跟踪服务　跟踪服务流程如图3-21所示。

图3-21　跟踪服务流程

对于三包车辆（尤其是已预警的三包车辆），回访中客户如果反馈车辆问题，应记录相应问题在系统备案；遇重大问题或客户有重大抱怨情绪，主动邀请客户回站，或主动上门服务，降低客户抱怨，提升客户满意度。其他情形可告知客户将在下次维护时一并为其处理，在确保客户满意的前提下，不增加无谓的修理次数。

5. 三包争议的处理

（1）三包争议　家用汽车产品三包责任争议是不可避免的，其原因有以下三方面。

1）经济原因：汽车属高价值消费品，其质量（或故障）问题的处理需要大量的费用，甚至产生赔偿诉求，而消费者与经营者（生产者、销售者、修理者）根本利益不一致。

2）技术原因：消费者与经营者的信息、技术等方面不对称，认知上存在差距。

3）法律原因：质量问题、严重安全性能故障、不能正常使用等涉及三包责任的内容无法在法规中明确表述，各方理解上存在差异。

（2）三包争议处理原则　家用汽车产品三包责任发生争议的，消费者可以与经营者协商解决；可以依法向各级消费者权益保护组织等第三方社会中介机构请求调解解决；可以依法向质量技术监督部门等有关行政部门申诉进行处理。

家用汽车产品三包责任争议双方不愿通过协商、调解解决或者协商、调解无法达成一致的，可以根据协议申请仲裁，也可以依法向人民法院起诉。

经营者应当妥善处理消费者对家用汽车产品三包问题的咨询、查询和投诉。经营者和消费者应积极配合质量技术监督部门等有关行政部门、有关机构等对家用汽车产品三包责任争议的处理。

省级以上质量技术监督部门可以组织建立家用汽车产品三包责任争议处理技术咨询人员库，为争议处理提供技术咨询；经争议双方同意，可以选择技术咨询人员参与争议处理，技术咨询人员咨询费用由双方协商解决。经营者和消费者应当配合质量技术监督部门家用汽车产品三包责任争议处理技术咨询人员库建设，推荐技术咨询人员，提供必要的技术咨询。

质量技术监督部门处理家用汽车产品三包责任争议，按照产品质量申诉处理有关规定执行。

处理家用汽车产品三包责任争议，需要对相关产品进行检验和鉴定的，按照产品质量仲裁检验和产品质量鉴定有关规定执行。

（3）处理三包争议

1）处理态度。快速反应，妥善处理，站在客户的角度，多部门共同处理三包维修问题，由服务经理或更高级别人员负责三包退换处理，4S店总经理是处理客户投诉的第一责任人。

服务顾问与客户进行更为频繁的沟通交流，正确引导客户，降低其期望以达成合理诉求；积极与厂家沟通、反馈；加强客户联系，提升客户满意度。

2）处理方法。

① 转移，如遇到感官性故障，可通过转移客户注意力的方法处理。

② 延时，在处理偶发性故障时，可让客户再行驶一段时间，跟踪观察，获得充足的处理时间。

③ 预防，对于可能发生的故障，提前准备，做好防控。

④ 补救措施，提供免费服务（免费洗车、赠品、折价工时费、免费维护等）。

(4) 处理结果的统筹管理　在平时的工作中，统筹分析服务中的处理结果，讨论研讨，制订改善措施，积极跟踪推进，对三包的执行将起到极大的推动作用。

二、车辆返修业务异议处理

1. 车辆返修管理制度

(1) 政策规定　《机动车维修管理规定》于2005年由交通运输部颁布，2016年通过了第二次修正。第四章质量管理中规定了相关的质量保证要求：

第三十七条　机动车维修实行竣工出厂质量保证期制度。

汽车和危险货物运输车辆整车修理或总成修理质量保证期为车辆行驶20000km或者100日；二级维护质量保证期为车辆行驶5000km或者30日；一级维护、小修及专项修理质量保证期为车辆行驶2000km或者10日。

摩托车整车修理或者总成修理质量保证期为摩托车行驶7000km或者80日；维护、小修及专项修理质量保证期为摩托车行驶800km或者10日。

其他机动车整车修理或者总成修理质量保证期为机动车行驶6000km或者60日；维护、小修及专项修理质量保证期为机动车行驶700km或者7日。

质量保证期中行驶里程和日期指标，以先达到者为准。

机动车维修质量保证期，从维修竣工出厂之日起计算。

第三十八条　在质量保证期和承诺的质量保证期内，因维修质量原因造成机动车无法正常使用，且承修方在3日内不能或者无法提供因非维修原因而造成机动车无法使用的相关证据的，机动车维修经营者应当及时无偿返修，不得故意拖延或者无理拒绝。

在质量保证期内，机动车因同一故障或维修项目经两次修理仍不能正常使用的，机动车维修经营者应当负责联系其他机动车维修经营者，并承担相应修理费用。

第三十九条　机动车维修经营者应当公示承诺的机动车维修质量保证期。所承诺的质量保证期不得低于第三十七条的规定。

(2) 维修企业车辆返修管理　在维修质量保证期内，所维修的车辆发生故障或损坏，要明确责任划分，按照责任属性进行处理。

1）因维修质量不合格或使用了不合格的配件，造成维修质量低劣的，其经济损失由承修方负责。

2）因用户操作不当或用户自己拆修造成的经济损失，承修方不予承担。

3）返修车辆由服务顾问接车后，在维修委托书上注明返修内容，加注"返修"字样，并填写返修记录单，及时送给维修车间。

4）返修车辆执行企业维修质量控制程序，直至达到汽车维修竣工标准。

5）维修车间及质检部门要建立车辆返修记录，对返修项目进行技术分析，制订和落实应对措施。

2. 客户车辆返修处理

车辆返修分为内部返修和外部返修，针对返修车辆，应根据车辆返修制度优先派工，尽量减少客户的不满情绪。返修车辆处理过程如下：

（1）填写返修记录单　返修记录单见表3-19。

表3-19　返修记录单

客户姓名		车牌号码		车型	
返修工单号		上次维修时间		上次维修班组	
上次维修项目及内容：					
客户故障描述：					
返修原因：					
解决方案：					
预防措施：					
相关责任人处理：					
技术主管签字：			服务经理签字：		

技术主管和服务经理签署处理意见后，将返修记录表复印并保存，然后交给原服务顾问。

（2）优先派工　返修车辆应予以优先派工，具体工作流程如图3-11所示（参见前文）。返修车辆质检合格后，服务顾问将返修记录单和维修委托书一同交给客服部保存归档。

（3）返修汇总分析　由质检员和车间主管会同技术经理根据每月返修记录档案进行返修原因分析，有针对性地提出改进措施并实施改进措施，保证维修质量持续和稳步提高。

三、价格异议处理

在服务过程中，价格问题是企业与客户之间十分敏感的问题之一。在实际工作中，关于价格问题的异议，很多时候与服务质量并没有太大的关系。无论前期的服务如何到位，在涉及价格问题的时候，客户总是希望能够获得优惠，当客户与服务顾问之间出现价格异议的时候，可以运用如下的原则和方法来处理双方异议，以达到双赢的目的。

1. 价格异议产生的原因

1）客户经济状况、支付能力等方面的原因。

2）客户对提供服务或提供代用品服务之间的价格比较。

3）客户不了解企业的服务产品。

4）客户在不同企业比较服务，希望将低价格作为和另一方讨价还价的筹码。

5）客户的其他动机。

2. 处理价格异议的方法

1）如果客户为累计消费金额达到一定额度或来店次数达到一定数量的客户，可以推荐使用积分卡或会员卡，主动为客户提供折扣，以促使客户继续来店消费。

2）如果服务顾问服务过程中没有服务失误，而客户仍希望得到优惠，服务顾问不可轻易答应客户的要求，可以考虑推荐客户成为会员或利用一定的技巧为客户做好解释工作。

3）如果服务过程中存在服务失误，服务顾问要真诚地向客户表示歉意，并根据企业有关服务失误的处理方法，采取道歉、解释、折让、提供补偿等手段来解决问题。

3. 处理价格异议的技巧

（1）**安全利益法**　安全利益法是指服务顾问在向客户解释维修项目时，首先向客户说明故障的危害性和各个维修项目的必要性，客户对维修项目必要性的理解越透彻，讨价还价的可能性也就越低。

（2）**价格分解法**　价格分解法是指服务顾问向客户解释维修项目时，逐项向客户解释维修项目及价格。通过价格分解，让客户明白每一项维修都是必要的，已确定的维修项目实际上是可选择范围内最划算的。

（3）**总体计算法**　总体计算法与价格分解法恰恰相反，该方法是服务顾问从满足某一需求的总体费用上着手向客户解释。例如服务顾问推荐客户定期地对车辆进行维护和检查，保证车况良好，延长车辆使用寿命，从而降低车辆的整体使用成本。

（4）**补偿法**　如果企业的维修服务在价格方面与同行相比的确不具备优势，而且服务差异性也不大，那么就必须采取相关措施弥补价格劣势，如为客户提供免费的检修等服务项目。

（5）**暗示提醒成交法**　在向客户解释维修项目的时候，如果客户一开场就直截了当地询问价格，不要马上回答他们价格是多少。因为这时候很多客户还没有完全清楚维修服务的价值所在，对价值的评判还不全面，无法做到客观公正，此时如果马上回应客户有关价格的问题，他们往往会凭直觉判断价格太高，这是客户消费心理的必然表现。

（6）**送"台阶"法**　服务顾问没有明显的服务失误，而客户依然希望获得规定范围之外的折扣时，如果服务顾问直接拒绝客户的请求，客户会感觉十分没有"面子"，很容易导致客户的不满。这时可以采用送"台阶"的方法来实现价格协商。当客户坚持要求折扣时，服务顾问可以先告诉客户需要请示上级主管，或采用赠送客户小礼品等手段，使得客户感觉有台阶下，从而实现价格协商的目的。

项目四

售后服务业务拓展

任务一 售后服务产品推广

任务目标

1. 掌握汽车服务营销的概念和内容。
2. 根据对客户和市场的分析，制订营销活动计划。
3. 根据服务营销活动计划，选择合适的广告媒体进行有效宣传。
4. 遵循活动开展检查规范对活动计划和实施内容进行调整和完善。

建议学时

4 学时。

相关知识

一、服务营销活动策划

1. 客户和市场分析

1）活动应当面向特定的客户类型进行设计和定位。

2）最近购买了新车的客户应当受到优先礼遇。从长期来看，保持其对企业的忠诚度是提高经济效益最简单有效的方式。

3）经常光顾企业的客户是最重要的客户，通过为这些重要客户提供优惠措施（如 VIP 卡）来区分他们和其他客户的不同。服务顾问应当能够认出这些重要客户，并让他们觉得自己受到欢迎。

4）采取有助于企业留住客户并将客户流失率降到最低的措施。客户流失率的计算方法如下：质保期内为［1－进厂台次÷销售台次（隶属汽车服务企业管理区域）］×100％，质保期外为（1－质保期外进厂台次÷质保期内进厂台次）×100％。

5）了解客户期望的服务、产品和价格。可以直接询问客户以获得这些信息，同时，通过了解竞争对手的情况可以获得更多的信息。

2. 服务营销

服务营销以"为消费者服务"为目的开展营销活动，服务营销的理念是客户满意和客户忠诚，最终实现营销绩效的改进和企业的长期成长。服务作为一种营销组合要素，真正引起人们重视是 20 世纪 80 年代后期，这个时期，由于科学技术的进步和社会生产力的显著提高，产业升级和生产的专业化发展日益加速，一方面使产品的服务含量，即产品的服务密集度日益增大；另一方面，随着劳动生产率的提高，市场转向买方市场，消费者的消费需求逐渐发生变化，需求层次相应提高，并向多样化方向拓展。企业必须寻求一种比 4P 策略更为有效的营销组合，服务营销组合应运而生。服务营销组合包括七个要素，见表 4-1，其在四个要素的基础上增加了三个要素。

表 4-1 服务营销组合要素

产品 （Product）	定价 （Price）	渠道 （Place）	促销 （Promotion）	人 （People）	物质环境 （Physical Evidence）	过程 （Process）

1）人（People），指作为服务的一部分的所有参与者的活动，包括服务生产者、消费服务的客户以及在服务环境中的其他客户的活动。

2）物质环境（Physical Evidence），指服务环境、服务生产者与客户互动的场所以及促使服务实现或服务沟通的任何有形的物品。

3）过程（Process），指实际服务过程、服务手法和服务流程。

以上三个新组合要素不但影响客户最初的购买决定，而且影响着客户的满意程度和再购买决定，同时，这三个要素又是服务提供商所能够控制的。

从商品营销到服务营销，营销的职能扩大到了整个企业，四个要素也扩充为七个要素。

服务过程是 7P 服务营销组合中最重要的要素，根据汽车服务过程可将汽车服务营销的内容划分为售前服务、售时服务和售后服务三部分，如图 4-1 所示。

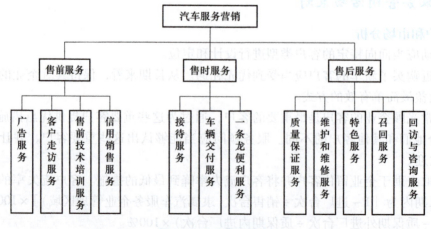

图 4-1 汽车服务营销

二、活动开展及检查

1. 广告宣传

广告的最终目的在于促进销售，汽车4S店广告宣传策略的关键是形成汽车4S店的个性化和与竞争对手之间的差异化，对客户产生吸引力，这也是制订广告定位策略的关键。

（1）汽车广告类型　汽车4S店在不同的营销活动中，采用的产品广告类型大致可以分为新车上市广告、阶段性产品广告、日常促销宣传广告三类，具体见表4-2。

表4-2　汽车广告类型

序号	种类	目的	投放原则
1	新车上市广告	将新产品信息准确、迅速、及时地传递给受众，迅速有效地建立公众对汽车品牌及新车的认知度 新车广告计划以时间段分为上市前预热期、上市当日及上市初期三个阶段	由预热期的渐渐加强，到上市当日的最强，再到上市初期的渐渐减弱
2	阶段性产品广告	对已上市车型所进行的广告宣传，目的在于提醒潜在客户，对某车型的再度认知，使其产生习惯性需求	可根据客户来店（电）高低起伏周期来拟定投放计划
3	日常促销宣传广告	为达到销售目标所做的各种广告宣传活动，通过提供刺激诱因激发潜在客户对产品产生兴趣	必须注意促销活动时间长短，以兼顾各节点活动的效率

（2）广告媒体的组合运用　媒体组合是指在同一个广告活动中使用两种或两种以上不同的媒体，这是汽车4S店在进行媒体选择时的一种非常重要而有效的策略。正确使用媒体组合可以扩大广告传播范围，使得不同媒体的优势互补，还可降低广告活动的成本。媒体组合的优势体现在三个方面，如图4-2所示。

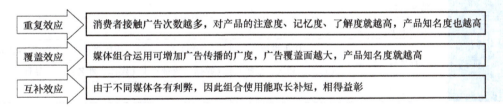

图4-2　媒体组合的优势

（3）媒体组合运用的方式　媒体组合运用的方式有三种，具体见表4-3。

表4-3　媒体组合运用的方式

组合方式		广告投放的安排
瞬间媒体与长效媒体的组合	瞬间媒体：电台、电视 长效媒体：报纸、杂志、网络、车厢、楼宇、广告牌等	广告投放期的安排除了瞬间媒体外，还要搭配长效媒体，以长效媒体串联整个投放计划，使广告在潜在客户的记忆中不中断
视觉媒体与听觉媒体的组合	视觉媒体：电视、报纸、杂志、网络等 听觉媒体：电台	电视与报纸最能表现汽车产品的特质，因此一般汽车广告也都是以电视与报纸为投放主体，其他媒体则视广告预算而定
大众媒体与小众媒体的组合	大众媒体一般以社会群体为对象，小众媒体则是以专业群体为对象	汽车广告的投放大部分是运用大众媒体，再以小众媒体辅助搭配

（4）广告宣传计划　汽车4S店广告宣传是在配合汽车厂家的广告宣传策略及4S店本身的营销活动下所拟定的广告计划。4S店必须安排专人负责宣传事宜，通常应按照汽车厂家在产品宣传和企业宣传方面的要求进行宣传。

2. 制订营销活动计划

根据对汽车4S店现有状况的了解，建立一个合理的、可实现并且可衡量的目标，并通过一个强有力的、得到广泛支持的计划来实现它。所设立的目标必须能支持短期和长期的计划。明确相应的产品、价格和促销方式，活动的时间和时效，客户的消费能力，竞争对手的状态。

3. 执行计划

运用高质量的营销材料开展市场推广计划，为每次的营销活动设立一个期限，使用统一的、高质量的形象，通过全面解释各个员工在活动中的角色，令整个汽车4S店的员工做好准备。各部门间保持沟通，确保预约服务、车间人力调配、零部件准备等方面可以满足活动的要求。汽车4S店促销活动信息表见表4-4。

表4-4　汽车4S店促销活动信息表

活动信息	活动		活动类别		
	活动时间		活动地点		
	市场分析	（提交市场分析报告）			
	活动预算明细				
	精品促销活动信息				
活动计划	活动目的				
	活动目标				
	活动细节				
	广告宣传	广告投放	公关文章	媒体邀请	资料礼品
		（形式、频次、金额）	（媒体、数量）	（媒体、姓名）	（品种、数量）
	人员安排				

（1）活动现场布置　活动现场布置得好，可以使活动有条不紊地进行，增强活动气势和氛围，吸引更多人参与。

（2）活动人员安排

1）安排足够数量的促销服务人员，佩戴工作卡或绶带，便于识别和引导服务。

2）现场要有一定数量的维持秩序的人员。

3）现场咨询人员、促销人员，既要分工明确又要相互配合。

4）应急人员。

（3）活动公关联络　提前到工商、城管等部门办理必要的审批手续。

（4）活动检查和调整　跟踪市场推广的结果将有助于确定将来的促销计划；每当客户接受促销服务时，记录销售数据；跟踪了解客户消费单价提升的效果；分析客户来源的地理分布情况；基于以上结论，分析并调整将来的促销计划。汽车4S店活动开展检查表见表4-5。

表 4-5　汽车 4S 店活动开展检查表

检查项目	检查内容	检查标准	检查结果	考核人员
活动计划、方案	活动预算	企业制订年度推广活动的预算安排		
	活动计划	企业制订年度推广活动计划		
	确定活动主题	主题明确、创意新颖		
	市场信息分析	符合当地消费理念，有利于打压竞争对手		
	明确活动目的及目标	分别制订客户进店和销售目标，计划达成提升销量和客户满意度的目的		
	方案内容	具有可操作性，内容完整，要求明确		
	实施计划	活动进程信息、时间节点明确		
	人员组织	分工明确，责任到人，组织活动培训		
	费用预算	测算准确，费效比合理		
活动实施	场地确认	有利于烘托活动气氛		
	现场布置	按照活动方案的要求，现场布置齐备		
	宣传物料制作	摆放及悬挂齐备		
	宣传资料准备	数量充足、品种齐全		
	礼品准备	符合主题、吸引客户、有利于后续宣传		
	广告预案	广宣预案能围绕主题，内容全面		
	广告投放	适时、适度发布		
	选择媒体	媒体具体影响力、代表性		
	广宣品制作张贴	制作及时、内容突出、吸引力强、影响面广		
	媒体维护	把握当地主流媒体动态，沟通交流渠道顺畅		
	活动应对	人员及组织工作落实，信息掌握准确及时		
	客户组织	目标客户组织招募针对性强		
活动总结	销售促进	活动达成计划的销售目标		
	活动总结资料汇总	总结报告真实、影像、文字、语音等相关资料齐全		

三、活动跟进和评估

依据各项活动综合检查的结果，有针对性地组织开展跟进改善活动，制订改善报告。汽车 4S 店活动开展评估表见表 4-6。

表 4-6　汽车 4S 店活动开展评估表

序号	评估项目	评估结果				改进计划
		A	B	C	D	
1	是否选择了合适的时间					
2	是否选择了合适的地点					
3	是否选择了明确的活动目标对象					

(续)

序号	评估项目	评估结果				改进计划
		A	B	C	D	
4	是否达到预先计划的活动目的					
5	宣传资料、礼品选择是否合适					
6	消费者是否便于参与					
7	活动现场布置是否达到计划设计标准					
8	活动是否安排了广告投放、媒体邀请					
9	人员安排是否分工明确，数量充足					
10	是否有针对竞争对手弱点的活动设计					
11	竞争对手是否有较强的、影响活动进行的反应					
12	活动预算是否真实、详细					
13	是否向参与者提供了明确的活动指引，各方是否明确各自的职责					
14	活动的配套措施和准备工作是否完善					
15	活动参与者是否有合理的利益					
16	活动是否有良好的可操作性					
17	活动过程是否便于控制					

任务二　普通客户的开发与维护

任务目标

1. 理解客户与客户关系的概念。
2. 掌握提高客户满意度的技巧。
3. 正确认识客户至上的理念。

建议学时

4 学时。

相关知识

一、普通客户开发

1. 客户关系

客户关系是 4S 店与客户之间的相互关系。市场营销学大师菲利普·科特勒将客户关系分为以下五种形式。

1）基本型——产品和服务销售后与客户没有联系。
2）被动型——产品和服务销售后鼓励客户与企业联系。
3）负责型——产品和服务销售后及时与客户联系。
4）能动型——产品和服务销售后不断与客户联系。
5）伙伴型——产品和服务销售后跟踪客户需求，与客户持续合作。

2. 影响客户满意度的因素

客户满意度的影响因素包括品质（Quality）、价值（Value）、服务（Service），因此，企业竞争优势要在品质、价值和服务上体现。

（1）品质　品质包括如下因素。
1）人员素质，包括基本素质、职业道德、工作经验、教育背景、观念、态度和技能等。
2）设备工具，包括完不完善、会不会用、愿不愿用。
3）维修技术，包括一次修复合格率、质量。
4）服务标准化，包括接待、维修、交车、跟踪。
5）管理体制，包括质量检验、进度掌控、监督机制。
6）厂房设施，应顺畅、安全、高效。

（2）价值　价值包括以下因素。
1）价格合理，包括工时费、配件价格等。
2）品牌价值，包括知名度、忠诚度。
3）物有所值，包括方便、舒适、安全、干净。
4）服务差异，是指服务品质与其他企业的差别。
5）附加价值，包括免费检测、赠送小礼品。

（3）服务　服务包括信任要素和便利性要素等。

3. 划分客户资源

客户资源是指企业集群可以更好锁定和开拓目标客户，通过建立专业、细分、通畅的群内交易渠道，更好地获得客户需求，把握市场变化。

（1）充分利用客户资源的途径　尝试做自己的客户，尝试做竞争对手的客户，学会与过去的老客户交流，让客户帮助寻找问题的症结，从客户中聘用重要人员。

（2）客户细分　客户细分是20世纪50年代中期由美国学者温德尔·史密斯提出的，其理论依据主要有两点。

1）客户需求的异质性。并不是所有客户的需求都相同，只要存在两个以上的客户，需求就会不同。由于客户需求、欲望及购买行为是多元的，所以客户需求满足呈现差异。
2）企业有限的资源和有效的市场竞争。任何一个企业都不能单凭其人力、财力和物力来满足整个市场的所有需求，这不仅缘于企业自身条件的限制，而且从经济效应方面来看也是不足取的。因此，企业应该分辨出能有效为之服务的最具有吸引力的细分市场，集中企业资源，制订科学的竞争策略，以取得和增强竞争优势。

（3）客户细分的必要性　如果企业要最大化地实现可持续发展和长期利润，就要明智地只关注正确的客户群体，因为企业获得每一位客户前都要付出一定的投入，这种投入只有在赢得客户的忠诚后才能得到补偿。因此，通过价值营销以获得品牌忠诚重要的一步就是对客户进行细分，区分客户是否能为企业带来盈利，并锁定高价值客户。

(4) 客户细分的方法

1)根据人口特征和购买历史细分。在消费者研究中，一般通过人口特征和购买历史的调研可以找到客户忠诚的蛛丝马迹。一般而言，通过他人推荐而消费的客户比因广告影响而消费的客户更忠诚；以标准价格消费的客户比以促销价格消费的客户更忠诚；已婚客户、中年客户、乡村客户更忠诚，高流动客户忠诚度低。

2)根据客户对企业的价值细分。衡量客户对企业的价值可以有很多方法，计算客户的终身价值是一个切实可行的方法。客户终身价值是指客户在作为企业客户的周期内为企业带来的收益总和。影响客户终身价值的最重要的两个因素是计算周期和贴现率。一般而言，在贴现率不变的情况下，客户成为企业客户的周期越长，那么纳入计算的客户价值就越多，客户终身价值就越大；在计算周期一定的情况下，贴现率越高，未来的收益就越少，则客户终身价值就越小。认识客户终身价值，认识培养忠诚客户以延长客户生命周期的重要性，将转变服务人员尊重客户和尽心为客户服务的理念，并有可能由此带来业务流程的变革。

(5) 客户细分后的分类　企业根据潜在的忠诚客户和客户终身价值可把客户分为四类。

1) 白金客户（"顶尖"客户），即与本企业目前有业务往来的前1%的客户。

2) 黄金客户（"大"客户），即与本企业目前有业务往来的随后4%的客户。

3) 铁客户（"中等"客户），即与本企业有业务往来的再随后15%的客户。

4) 铅客户（"小"客户），即剩下的80%的客户。

二、普通客户关系维护

汽车服务企业传统的服务程序已经渐渐转化为以客户为中心的服务程序。在客户预约、服务后回访以及问题的解决和预防上，客户关系管理（CRM）将起到关键的作用，在落实各项程序以后，它将会确定问题的根源，并帮助服务部门改进，这样汽车服务企业可以得到客户的信任，增强客户的忠诚度，避免客户寻求其他企业的服务。

1. 客户关系管理的职责和角色

客户关系管理是与客户联系的中心点，是客户与各个部门联系的纽带，是保持良好的客户关系以及赢得潜在客户的有效策略，能帮助企业提供高质量的销售和维修服务，从而建立较高的客户忠诚度和良好的客户口碑。

(1) 客户关系管理部门的工作内容

1) 通过提供新车销售信息、服务回访、总结分析等，支持其他各部门的工作。

2) 处理客户咨询和反映的问题。

3) 与客户联系进行回访。

4) 保持良好的客户关系。

(2) 客户关系管理部门的职责

1) 设立直拨电话专线，供客户预约和咨询。

2) 新车销售和维修服务后，进行客户满意度的回访。

3) 处理所有客户关注和反映的问题，并力求获得圆满的解决。

4) 探寻和分析客户关注的问题，并提出预防问题再次发生的方案和建议。

5) 科学地管理客户和潜在客户数据，通过持续更新信息确保信息的准确。

如何维护客户关系

2. 客户关系管理的工作流程和规范

（1）客户信息管理

1）确认客户姓名、联系电话、邮寄地址、车牌号码等信息。

2）在客户信息确认过程中，所有修改和增加的信息用红色字体标注。

3）检查交车时客户的信息登记得是否完整，提高信息准确率。

4）确保企业推出客户关怀等活动时能及时、准确地联系到客户。

（2）客户投诉管理

针对不同渠道的客户投诉，服务顾问应以适当的方式回复，设定回复时限、回复方式、管理期限，同时应使用电子文档将所有客户投诉处理记录进行存档管理。客户投诉管理流程如图4-3所示。

扫一扫

客户投诉处理流程

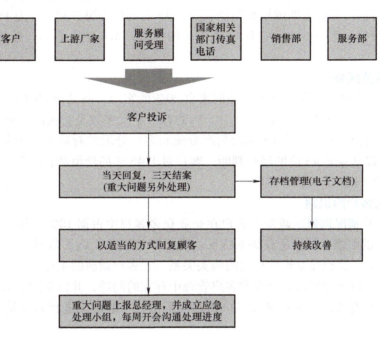

图4-3 客户投诉管理流程

任务三 重点客户的开发与维护

任务目标

1. 能够分析客户价值并识别潜在大客户。
2. 能够分析大客户的需求并对其开展大客户营销策略。
3. 掌握大客户关系维护措施，能够保持和留住大客户。

建议学时

4学时。

相关知识

一、大客户识别

1. 从运营角度分析客户价值

从 4S 店运营的角度分析，客户价值一般包括以下四个方面。

1）新车销售收益。新车销售时产生的收益，包括单车毛利和价值链收益（如金融信贷、保险、二手车置换、装潢、购买附件）等。

2）售后收益。一定周期内，客户维修、维护车辆和购买配件为 4S 店带来的收益。

3）潜在价值。客户增购或换购车辆、购买 4S 店的延伸服务和附件为 4S 店带来的收益。

4）关联价值。客户口碑效应为 4S 店带来的价值，如向他人介绍、邀请他人参与 4S 店活动等。

2. 客户价值区分

根据"二八法则"，企业 80% 的利润来自 20% 的客户，而其余 80% 的客户只创造 20% 的利润，但却耗费了 80% 的企业资源。4S 店的客户绝大多数是直接的消费者，具有分散性的特点。虽然目前还没有证明 4S 店的利润分配和客户分配的对应关系也服从"二八法则"的研究，但可以从众多 4S 店的经验判断，客户对于 4S 店的价值和利润贡献是不均衡的，4S 店大部分的利润来源于少数的客户。

3. 潜在大客户的识别

（1）**大客户情况调研**　通常大客户在企业众多客户中占据 10%～20% 的地位，却贡献了 80%～90% 的财富，他们还有如下特征：购买频繁或单次购买数量多，销售管理工作复杂，服务要求高，希望建立长期稳定的购买关系。大客户调研的主要目的是搜集与分析大客户的有关资料，以研究解决企业在大客户管理中存在的问题，并针对问题寻求正确可行的解决措施。大客户调研首先要确定大客户和调研范围，一般应先进行初步情况分析和非正式调研。

初步情况分析是指调研人员搜集大客户内部和外部的有关情报资料并进行初步分析。客户内部资料包括各种记录、历年的统计资料、生产销售的统计报表、财务决算报告等。客户外部资料包括政府公布的统计资料、研究机构的调研报告、同行业的刊物、经济年鉴手册等。非正式调研也叫试探性调研，就是调研人员主动去访问专家、专业人员（销售负责人、推销人员、批发商等）和客户，征求他们的意见，了解他们对大客户的看法和评价。

开发潜在大客户

（2）**建立目标大客户数据库系统**　在对大客户资料进行初步搜集的基础上，还应建立目标大客户的数据库系统，这也是大客户识别初期阶段的重要工作，它包括以下五个方面的内容：

1）大客户所在行业的基本情况。对有关行业宏观背景的了解，有助于企业与大客户进行接触和谈判。

2）大客户的公司体制。在不同的体制下，企业管理层的思路和员工做事的态度是明显不同的。了解目标大客户公司体制，有助于企业采取适当的方式方法与对方打交道。

3）大客户的组织结构。了解大客户组织结构和运行机制，有助于企业掌握目标大客户的责权利关系，从而提高大客户管理的针对性。

4）大客户的经营情况。用于分析目标大客户的企业实力，了解目标大客户的优势和劣势。

5）大客户的财务支付情况。有助于企业分析目标大客户的财务状况和支付能力，也有助于及早掌握目标大客户采购流程中的支付方式。

4. 大客户价值分析

(1) 大客户价值分析的目的　大客户价值是指维持现有大客户或开发潜在大客户给企业经营业绩所带来的效益增加值。通过大客户价值分析，判断现有的或潜在的大客户是否符合企业的大客户战略发展规划、目标大客户市场定位以及企业的业务成长方向。然后根据大客户价值分析和评价的结果判断大客户的级别，明确大客户的类型，确定与大客户建立什么样的关系，配置什么样的资源、实现什么样的目标。

(2) 大客户价值分析的内容

1）潜在大客户价值分析。全面了解和识别潜在大客户，弄清楚潜在大客户的资源和能力，有助于企业迅速了解大客户的潜在需求，从而及时提供个性化产品或服务来赢得大客户的订单。对潜在大客户的价值分析，主要包括以下内容：

① 潜在大客户的定义。潜在大客户是可能成为现实客户的个人或组织。这类客户或有购买兴趣、购买需求，或有购买欲望、购买能力，但尚未与企业发生交易关系。潜在大客户需具备三个基本条件：第一，对于购买的产品或服务确实需要，购买频繁或单次购买数量多；第二，必须具备购买该产品或服务的货币支付能力，购买集中性强；第三，必须有购买权或得到授权，购买程序复杂。

② 潜在大客户的财务状况分析。

a. 潜在大客户的流动资产率：据此可以了解并判断其是否具有支付订单的能力，这一点非常关键。

b. 潜在大客户的净利润率：据此可以衡量公司的收益状况。

c. 潜在大客户的资产回报率：据此可以评估其经营管理水平。

d. 潜在大客户的回款周期：据此可以评估其回款能力、流动资金和财务管理状况。

e. 潜在大客户的存货周期：据此可以看出其销售能力，并从中看出其现金流动速度。

③ 潜在大客户的收入价值分析。简单表示为：潜在大客户收入价值＝（潜在大客户预计成交额－潜在大客户预计消耗的企业费用）×潜在大客户成交把握度（％）÷潜在大客户预期成交时间。

④ 潜在大客户的开发价值分析。可以通过预测潜在大客户给企业带来的销售额、利润额，预测潜在大客户对企业的市场增长率、市场占有率、品牌价值提升带来的积极影响；通过预测企业开发潜在大客户所发生的各种成本费用，来分析潜在大客户是否有开发的价值。

2）现有大客户价值分析。

① 大客户购买的类型。

a. 初次购买。当潜在大客户转化为现有大客户时，就实现了初次购买。这类大客户的识别和开发时间较长，难度也比较大。

b. 再次或多次购买。对于已经购买过企业产品的大客户，第二次购买的过程比较简单，时间也较短。因为大客户在初次购买时已经认可了企业的产品，但是大客户所关注的内容也会有变化，可能会更加关注企业服务的标准化、产品的质量、价格折扣和供货的及时性等问题。

② 大客户的价值评估。对于现有大客户的价值分析，除了参照上述潜在大客户价值分析的有关内容之外，还要对现有大客户实际的交易记录进行分析，主要是对大客户每月的采购量、销售额等进行分析。经过综合考虑和分析，对现有大客户价值给出科学、系统的评价。

5. 潜在大客户的选择

企业选择潜在大客户，可以重点考虑以下两个方面。

(1) **企业能力与大客户需求的匹配性**　企业选择潜在大客户时，应该重点关注那些购买需求与其供应能力相对匹配的大客户。因为不同的大客户在服务水平、价格承受、品质要求、支付手段、运输标准上均有不同的要求，而不同供应商的承受能力也各不相同。

(2) **潜在大客户的增长潜力**　所谓潜在大客户的增长潜力，主要是指其业务发展和市场增长的潜力。潜在大客户的增长潜力决定着其采购产品数量的增长速度，同时也决定着企业销售额的增长。所以，企业可以根据以下五个因素对潜在大客户的增长潜力进行考察：潜在大客户所在行业的增长状况，潜在大客户在其目标市场的增长速度，潜在大客户在行业内的口碑，潜在大客户在其目标市场市场占有率的变化，潜在大客户在财务支付上的信用。

二、大客户营销策略

以大客户需求为导向的营销策略是指企业以大客户的需求为出发点，根据市场调研获得的大客户需求量以及购买力信息，有计划地组织各项经营活动，通过相互协调的产品策略、价格策略、渠道策略和促销策略，为大客户提供满意的产品和服务，从而实现企业的目标。

1. 产品策略

产品策略是企业大客户营销策略的核心。产品策略是企业为了在激烈的市场竞争中获得优势而在生产、销售产品时所运用的一系列措施和手段，包括产品定位、产品组合策略、产品差异化策略、新产品开发策略、品牌策略以及产品的生命周期运用策略。

(1) **为大客户定制个性化的产品或解决方案**　大客户营销的产品策略始终要贯彻以大客户为中心的原则。企业不仅要根据大客户的现实需要提供定制化的产品、服务、解决方案，还要根据大客户的潜在需求及潜在问题设计与开发新产品。如何根据大客户的需求定制产品，是大客户营销的产品策略的关键。

(2) **品牌策略**

1) 实施品牌策略的好处。实施品牌策略有利于企业的订单处理和对产品的跟踪，能够保护企业产品的某些独特特征不被竞争者模仿，能够吸引忠诚的大客户，有助于市场细分，有助于产品的市场定位和企业形象的树立。

2) 品牌策略的内容。品牌策略包括品牌化决策、品牌模式选择、品牌识别界定、品牌延伸规划、品牌管理规划几个方面的内容。

3) 品牌传播。品牌传播是实现品牌运营的重要手段。通过品牌的有效传播，可以使品牌为广大客户和社会公众所认知，使品牌获得竞争优势，同时实现品牌与目标市场的有效对接，为品牌推广奠定基础。品牌传播的效果不仅取决于传播的数量，还取决于传播方式的选择和设计。品牌传播的主要手段包括：广告传播（包括传统媒体和新兴媒体），公关传播（包括宣传性公关、赞助性公关、服务性公关等），市场推广活动，整合传播等。

2. 价格策略

（1）**价格策略的重要性**　在多数情况下，价格仍是决定企业市场份额和赢利率的最重要因素之一，因而也是影响大客户采购决策的决定性因素。在大客户营销策略中，价格是唯一能产生收入的因素，其他因素则表现为成本。此外，价格还是大客户营销策略中最灵活的因素，它能对市场做出灵敏的反应。

（2）**针对大客户定价时需要考虑的因素**　在确定价格时，企业要考虑以下因素：定价目标、需求弹性、营销成本、定价方法。

企业的定价目标是以满足大客户的需要和实现企业赢利为基础的，它既是实现企业营销目标的保证和手段，也是企业制订价格策略的依据。定价目标包括扩展目标、利润目标、销售目标、竞争目标等，不同的目标决定了企业将采用不同的价格策略。

市场中需求弹性的大小，是由需求量在价格达到一定程度的下跌时增加多少以及在价格达到一定程度的上涨时降低多少而决定的。

营销成本是指企业由产品最初所有者到最终所有者的营销过程中花费的代价，是企业利润的必要投入。

定价方法是企业在特定的定价目标指导下，依据对成本、需求及竞争等状况的分析，运用价格决策理论，对产品价格进行计算的具体方法。定价方法主要包括成本导向、竞争导向和客户导向三种类型。目前，大客户营销一般采用竞争导向和客户导向的定价方法。

3. 渠道策略

企业应该从以下几个方面着手建立基于关系营销的大客户营销渠道策略：

（1）**紧密联系大客户**　企业必须通过某些有效的方式在业务、需求等方面与大客户建立联系，形成一种互助、互求、互需的关系，把大客户与企业联系在一起，减少大客户的流失，以此来提高大客户的忠诚度，赢得长期而稳定的市场。

（2）**提高对大客户的反应速度**　多数企业倾向于说给大客户听，却往往忽略了倾听的重要性。在相互渗透、相互影响的市场中，对企业来说最现实的问题不在于如何制订、实施计划，而在于如何及时地倾听大客户的期望和需求，并及时做出反应来满足大客户的需求。这样才利于大客户市场的发展，才能实现企业大客户营销的目标。

（3）**重视与大客户的互动关系**　如今抢占市场的关键已转变为与大客户建立长期而稳固的互动关系，把交易转变成一种责任，而沟通是建立这种互动关系的重要手段。

4. 促销策略

促销策略是指企业通过人员推销、广告、公共关系和营业推广等各种促销方式，向大客户传递产品信息，引起其关注，促使大客户购买企业的产品和服务，以达到扩大销售的目的。针对大客户的促销，一是通过人员推销的方法，采取为大客户提供顾问式服务的销售策略；二是采取非人员推销的方法，即通过大众传播媒介向大客户传递信息，增加大客户对企业的了解和信任，主要包括广告、公共关系和营业推广等多种方式。

三、大客户关系维护措施

大客户维护的整体思路是：充分认识到大客户维护对企业竞争力的战略意义，弄清影响大客户维护的各个因素及其内在联系，对现有大客户进行细分；将大客户数据纳入信息化管理，动态跟踪，有的放矢；以增加大客户价值为基础，增加大客户转移成本，努力提高大客户的满意度与忠诚度，增强大客户对企业的信任度，进而扩大与大客户的交易量，实现企业与大客户的双赢。

大客户关系维护的措施主要有以下几个方面：

1）明确大客户需求，细分大客户，积极满足大客户需求。

2）构建大客户数据库，和大客户建立良好关系。与大客户的感情交流是企业用来维系大客户关系的重要方式，包括日常的拜访、节日的真诚问候等。企业需要快速地和大客户建立良好的互动关系，为大客户提供个性化的服务，使大客户在购买过程中获得产品以外的良好体验。

维护客户忠诚策略

3）制造大客户离开的障碍，增加大客户转移的成本。一个保留和维护大客户的有效办法就是制造大客户离开的障碍，使大客户不能轻易去购买竞争者的产品。因此，从企业自身角度来讲，要不断创新，改进技术手段和管理方式，提高大客户的转移成本和门槛；从心理因素来讲，企业要努力和大客户保持亲密关系，让大客户在情感上忠诚于企业，对企业形象、价值观和产品产生依赖，能够和企业建立长久关系。

4）灵活利用价格策略，维护大客户的价值。企业要灵活运用价格策略，根据大客户在生命周期不同阶段对价格的敏感程度，同时结合市场竞争的要求，有针对性地制订灵活多样的价格政策，并及时有效地加以实施，从而使新的大客户满意，增加老的大客户的信任度，提高大客户的忠诚度。

项目五

售后战略制订与售后服务管理

任务一 制订服务部门标准和方针

任务目标

1. 掌握汽车服务企业战略管理框架的具体含义。
2. 熟悉并掌握 SWOT 分析法，能对汽车服务企业进行战略环境分析。
3. 掌握汽车服务企业经营战略的制订、实施和控制的方法。

建议学时

2 学时。

相关知识

一、汽车服务企业战略管理的框架

1. 总体战略

（1）紧缩型战略　紧缩型战略是指企业从目前的战略经营领域和基础水平收缩和撤退，且偏离起点战略较大的一种经营战略。

1）企业采取紧缩型战略的主要原因。①适应国家宏观经济衰退等外部环境的变化。②在企业经营失误的情况下通过撤退来最大限度地保存实力。③为了利用环境中出现的新机会而进行暂时的调整。

2）紧缩型战略的特征。①对企业现有的服务和市场领域实行收缩、调整和撤退。②严格控制企业资源的运用，尽量削减费用支出。③具有明显的短期性。

3）紧缩型战略的分类。紧缩型战略划分为以下三类。

① 抽资转向战略，指在现有经营领域不能维持原有产销规模和市场，或存在新的更好的发展机遇的情况下，企业所采取的对原有的业务领域进行压缩投资、控制成本以改善现金流，为其他业务领域提供资金的战略方案。另外，企业在财务状况下降时也有必要采取抽资转向战略，这一般发生在物价上涨导致成本上升或需求降低使财务周转不灵的情况下。

② 放弃战略，指将企业的一个或几个主要部门转让、出卖或停止经营。放弃战略的目

的是要找到肯出高于企业固定资产时价的买主，所以，企业管理人员应该使买主认识到购买企业所获得的技术资源或资产能给其增加利润。

③ 清算战略，指卖掉其资产或停止整个汽车服务企业的运行而终止一个汽车服务企业的存在。

（2）**稳定型战略** 稳定型战略是指在内外环境的约束下，企业准备在战略规划期使其资源分配和经营状况基本保持在目前状态和水平状态上的战略。

（3）**增长型战略** 增长型战略是企业在迅速扩张的市场上用来维持现有竞争地位的战略，其具有两个同等重要的特征：一是随着市场的增长，汽车服务企业能取得所需资源，保持现有竞争地位；二是随着增长速度的迅速降低，汽车服务企业进入整顿阶段时，需要开发新的竞争方式，进行有效的竞争。

（4）**进攻型战略** 进攻型战略是指在已经具备了必要的资源和能力的情况下，采用进攻型行动在消费者之中产生直接的反应以迅速建立竞争优势的战略。

（5）**基本竞争战略** 基本竞争战略是指无论在什么行业或企业都可以采用的战略。基本竞争战略有差别化战略、成本领先战略、集中专业化战略三种。

2. 职能部门战略

职能部门战略是在企业总体战略指导下，按照专业职能将总体战略进行落实和具体化，它的制订是将汽车服企业的总体战略转化为职能部门具体行动计划的过程。职能部门战略比总体战略期限短，一般在一年左右，而且具体、精确，主要由职能部门的管理人员参与制订。

二、企业战略环境分析

企业管理人员在进行战略制订和选择之前，必须要先分析企业所面临的战略环境。战略环境分析是企业战略管理的基础，其任务是根据企业目前所处的市场环境和发展机会来确定未来发展的方向和目标。企业战略环境分析包括企业外部环境分析和企业内部条件分析。

1. 企业外部环境分析

企业外部环境分析包括宏观环境分析和行业环境分析。

（1）**宏观环境分析** 宏观环境主要包括对企业所处的人口环境、经济环境、技术环境、政治环境、法律环境和社会文化环境等进行分析。

（2）**行业环境分析** 行业是生产满足同一类需求的产品的企业总和。一个企业是否有长期发展的前景，与其所处行业的性质休戚相关。处于快速发展的行业，对任何企业都有吸引力；反之，处于衰退期的行业，企业发展就会步履维艰。因此进行行业环境分析，预测行业发展的前景，把握企业未来发展的趋势，是进行企业战略的制订和选择的基础。

1）行业周期分析。企业都是处于一个具体的行业环境中，每个行业都有自己的生命周期，都有产生、发展和衰退的过程。行业的生命周期一般分为四个阶段：形成期、成长期、成熟期、衰退期。

2）行业竞争结构分析。企业对行业环境的分析不仅包括行业周期分析，还包括对行业内竞争结构进行分析。行业内的竞争结构一般包括五种力量，分别为供应商的议价能力、消费者的议价能力、潜在进入者的威胁、替代品的威胁和同业竞争者的威胁。一种可行战略的提出首先应该包括确认并评价这五种力量，不同力量的特性和重要性因行业和企业的不同而变化。

2. 企业内部条件分析

与企业外部环境相比较，企业内部条件更容易控制。企业内部条件是企业经营的基础，是制订企业战略的依据和出发点，是获取竞争的根本要素。企业内部条件一般包括三个方面：企业结构、企业文化和企业资源。

（1）**企业结构**　企业结构是指企业的组织结构，它决定了企业内部的相互关系、信息沟通的形式、权力结构分配以及企业运行的工作流程。不同的企业适合不同的结构形式，结构形式主要包括直线制、职能制、直线职能制、事业部制、矩阵制等类型。企业结构应该适合企业战略，合适的企业结构可以促进企业战略的实施。

（2）**企业文化**　企业文化是企业在长期的发展中逐渐形成的，是企业成员共同接受的理想、信念、价值观和行为准则，外显于各种规章制度、行为准则，内隐于员工潜意识中。企业文化对企业的战略形成及实施具有重要的作用，世界上经营成功的企业都具有其独特的企业文化，这种独特的文化是这些企业具有创造力和保持其领先地位的源泉。创造和保持一种支持战略的企业文化对于成功实施战略是非常重要的，优良的企业文化可以形成一种努力达到业绩目标、积极参与战略行动的工作氛围，有利于战略目标的顺利达成。

（3）**企业资源**　企业资源包括企业的人力资源、财力资源、物质资源、技术资源和信息资源等多种因素，是企业战略要素的总和，是企业战略实力的综合体现。企业应该根据自身的资源来选择适合的战略类型。

3. 企业战略环境分析方法

对企业战略环境进行分析最常用的方法是 SWOT 分析法。SWOT 分析法的步骤依次是分析环境因素、构造 SWOT 矩阵和进行战略选择。

（1）**分析环境因素**　通过各种调研方法，分析出企业主要的内部优势和劣势、外部机会和威胁。

企业的优势是企业所擅长的，比竞争对手强的内部条件。例如企业的资金实力雄厚、规模大，产品种类比竞争对手多，知名度高，拥有一大批忠实的客户等。

企业的劣势是企业缺少的或者不擅长的，比竞争对手弱的内部条件。例如企业没有明确的战略方向、企业的产品质量不够好、售后服务水平较低等。

企业的机会是指对企业比较有利的外部环境。例如政府的支持、市场需求增长趋势强劲等。

企业的威胁是指对企业不利的外部环境因素。例如新竞争对手的增加、供应商和消费者的议价能力增强等。

（2）**构造 SWOT 矩阵**　将调研得出的各种因素按照重要性和影响力大小等排序方式，构造出 SWOT 矩阵。在这个过程中，将那些对企业发展有长远的、直接的、重要的、迫切的影响因素优先排列出来，而将那些短暂的、间接的、次要的影响因素排在后面。

（3）**进行战略选择**　在完成环境因素分析和 SWOT 矩阵的构造后，便可以制订相应的行动计划。发挥优势、克服劣势、利用机会、化解威胁，利用系统分析法，将排列的各种环境因素互相匹配加以组合，得出一系列企业未来发展可以选择的对策，构成 SWOT 战略选择表，详见表 5-1。

表 5-1　SWOT 战略选择表

外部环境＼内部条件	优势（S）	劣势（W）
机会（O）	SO 战略	WO 战略
威胁（T）	ST 战略	WT 战略

1）SO 战略。SO 战略是利用企业内部优势去抓住外部机会的战略。这时企业拥有强大的内部优势和众多的增长机会，可以采取增长型战略。

2）WO 战略。WO 战略是利用外部机会来改进内部劣势的战略。此时企业虽然拥有外部机会，但是缺少有利的内部条件。在这种情况下，企业可以采取扭转型战略，有效地利用企业的外部机会，尽快改善企业内部的不利条件。

3）ST 战略。ST 战略是利用企业优势去避免或减轻外部威胁的战略。此时企业的外部环境不太理想，面临诸多威胁，但是拥有不错的内部条件。在此情况下，企业应该考虑多元化战略，利用自身优势在其他产品或市场上寻找发展机会；在自身优势非常明显，实力异常强大的情况下，也可以考虑采用一体化战略，前向或后向并购，利用规模优势克服环境带来的不利影响。

4）WT 战略。WT 战略是克服内部劣势和避免外部威胁的战略，是一种最不利的情况。此时外部面临威胁，内部又存在缺陷，内外部都缺少有力的支持。在这种情况下，企业可以采取减少产品的紧缩型战略，或是改变产品的放弃战略。

三、汽车服务企业经营战略的制订、实施和控制

1. 战略制订

战略制订是指确定企业任务，认定企业外部机会与威胁，认定企业内部优势与劣势，建立长期目标，制订供选择的战略，以及选择特定的实施战略，是战略计划的形成过程。

（1）战略制订方式

1）自上而下的方式。先由汽车服务企业总部的高层管理人员制订企业的总体战略，然后由下属各部门根据自身的实际情况将企业的总体战略具体化，形成系统的战略方案。自上而下方式最显著的优点是企业的高层管理人员能够牢牢把握整个企业的经营方向，并能对下属各部门的各项行动实施有效的控制。但这种方式要求企业的高层管理人员制订战略时必须深思熟虑，战略方案务必完善，并且还要对下属各部门提供详尽的指导。

2）自下而上的方式。自下而上的方式是一种先民主后集中的方式，它的优点是能够充分发挥各个部门和各级管理人员的积极性和创造性，集思广益。同时，由于制订的战略方案有广泛的群众基础，在战略实施过程中也容易贯彻和落实。此方式的不足之处是各部门的战略方案难以协调，影响了整个战略计划的系统性和完整性。

3）上下结合的方式。在战略制订的过程中，企业最高管理层和下属各部门的管理人员共同参与，通过上下各级管理人员的沟通和协商，制订出适宜的战略。此方式的主要优点是可以产生较好的协调效果，制订出的战略更加具有操作性。

4）战略小组的方式。企业的负责人与其他高层管理人员组成一个战略制订小组，共

同处理汽车服务企业所面临的问题。在战略制订小组中，一般都是由总经理任组长，而其他的人员构成则具有很大的灵活性，根据小组的工作内容而定，通常是吸收与所要解决的问题关系最密切的人员参加。这种方式目的性强，效率高，特别适宜于制订产品开发战略、市场营销战略等特殊战略。

(2) **战略制订程序** 汽车服务企业战略制订的一般程序是：
1）识别和鉴定汽车服务企业现行的战略。
2）分析汽车服务企业的外部环境。
3）测定和评估汽车服务企业的自身素质。
4）准备战略方案。
5）评价和比较战略方案。
6）确定战略方案。

2. 战略实施

战略实施是将制订的战略方案转化为汽车服务企业具体的实际行动，一般包含三个相互联系的阶段。

1）战略发动阶段。战略发动阶段主要是要调动汽车服务企业大多数员工实现新战略的积极性和主动性，这就要求对企业管理人员和员工进行培训，向其灌输新思想、新观念，提出新口号和新概念，消除一些不利于战略实施的旧观念和旧思想，以使大多数人逐步接受一种新的战略。

2）战略计划阶段。战略计划阶段将经营战略分解为几个战略实施阶段，每个战略实施阶段都有分阶段的目标、相应各阶段的政策措施、部门策略以及方针等。

3）战略运作阶段。企业战略的实施运作主要与六个因素有关，即各级领导人员的素质和价值观念，汽车服务企业的组织机构，汽车服务企业文化，资源结构与分配，信息沟通，控制及激励制度。

3. 战略控制

(1) **战略控制的概念** 战略控制主要是指在企业经营战略的实施过程中，检查企业为达到目标所进行的各项活动的进展情况，评价实施企业战略后的绩效；将其与既定的战略目标和绩效标准相比较，发现战略差距，分析产生偏差的原因，纠正偏差，使企业战略的实施与企业当前所处的内外环境、企业目标协调一致，确保企业战略得以实现。

(2) **战略控制的内容** 对企业经营战略的实施进行控制的主要内容有：

1）设定绩效标准。根据企业战略目标，结合企业内部人力、物力、财力及信息等具体条件，确定企业绩效标准，作为战略控制的参照系。

2）绩效监控与偏差评估。通过一定的方法，监测企业的实际绩效，并将企业的实际绩效与标准绩效对比，进行偏差分析与评估。

3）设计并采取纠正偏差的措施。通过设计并采取纠正偏差的措施，可以顺应变化的条件，保证企业战略的圆满实施。

4）监控外部环境的关键因素。外部环境的关键因素是企业战略赖以存在的基础，这些外部环境关键因素的变化意味着战略前提条件的变动，必须给予充分的重视。

5）激励战略控制的执行主体。通过激励战略控制的执行主体，调动其自控与自评价的积极性，保证企业战略实施切实有效。

(3) 战略控制的方式

1）从控制时间来看，企业的战略控制可以分为事前控制、事后控制、随时控制三类。
2）从控制主体的状态来看，战略控制可以分为避免型控制、开关型控制两类。

任务二　资源的协调与管理

任务目标

1. 掌握 KPI 的作用及其权重的确定方法。
2. 学习汽车服务质量理论，分析服务质量差距产生的原因。
3. 认识汽车 4S 店服务常见的问题，概括服务质量管理的基本原则。
4. 理解过程业绩检视，对比过程业绩检视和绩效考核的异同。

建议学时

2 学时。

相关知识

一、KPI 及 KPI 权重的确定方法

1. KPI 体系

员工履行职责的结果就是员工的绩效，反过来说，员工的绩效反映了员工履行职责的情况。正因如此，企业用绩效来衡量员工的工作业绩。作为员工业绩的衡量标准，员工的绩效指标（KPI）必须用量化的形式来表达，以使这些指标能够成为客观评价员工工作业绩的准则，并指导员工工作的方向。员工通过量化的 KPI，清楚自己的工作做得好或不好，也清楚上司对自己工作做出的评价。

KPI 是关键绩效指标（Key Performance Indicator）的英文缩写，是通过对组织内部某一流程的输入端、输出端的关键参数进行设置、取样、计算、分析，以衡量流程绩效的一种目标式量化管理指标，是把企业的战略目标分解为可运作的工作目标的工具，也是企业绩效管理的基础。正因如此，KPI 已被大多数 4S 店采用，以此为依据对员工进行定期考核，是将经营责任落实到个人的主要手段。KPI 的构成如图 5-1 所示。

2. KPI 权重的确定方法

1）经验法。由管理者依据历史数据和新一轮经营重点直观判断确定权重。用经验法确定 KPI 权重的方法决策效率高、决策成本低，但决策片面性大，对决策者的要求高。
2）权值因子法。逐一评价和比较每两个指标的相对重要程度，进而确定每个指标在所有 KPI 中的权值，最终确定各个指标的权重。具体步骤如下：
① 组成评价小组。
② 制订评价权值因子判断表。
③ 对评价小组成员所填权值因子判断表进行统计。

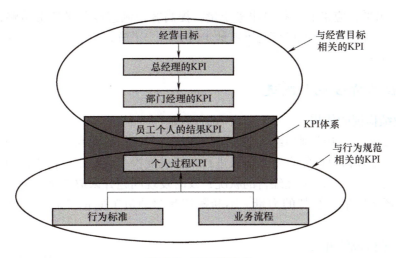

图 5-1　KPI 的构成

④ 将统计结果折算成权重。
⑤ 相关部门讨论、审核。
⑥ 确定权重。

二、服务质量管理与控制

1. 汽车服务质量理论

服务质量是客户评价服务的主要因素，客户根据服务质量及其体验到的总体满意度来感知服务。在无形服务与有形产品混合在一起提供给客户的情况下，服务质量是决定客户满意度的关键因素。

2. 汽车 4S 店服务存在的问题和相应的对策

(1) 汽车 4S 店服务中存在的问题

1）人员问题。服务营销三角形（即服务机构-员工-消费者，内部营销-外部营销-互动营销）形象地强调了人员对于企业信守承诺并成功建立客户关系这一能力的重要作用。无论服务类型和客户与服务系统的接触水平如何，4S 店都需要依靠员工来完成服务工作，员工的素质和责任感已经成为影响 4S 店竞争力的重要因素。从总体上看，4S 店的服务流程执行还远远不够，主要表现在接待服务、介绍能力及车辆交付质量等方面，离客户满意还有一定的差距。

2）客户关系问题。客户关系问题主要出现在执行过程中，4S 店目前还没有充分发挥客户关系管理（CRM）的功能，从而忽视了客户信息资料的建立和利用，未严格地执行客户回访制度，影响到对客户的各种情感服务。

3）服务流程问题。4S 店对销售与售后流程的设计还是比较全面的，但是细节不够。主要的原因是管理制度不完善，员工的服务水平和执行力度都有欠缺。尤其在售后服务的细节上，服务主管和服务经理对服务人员缺乏有效的监督，且流程规范标准不够细致，未体现以客户为中心的理念。

(2) 提升汽车 4S 店服务质量的对策　为了适应当今汽车市场结构的新变化，进一步提高4S店的服务水平,应采取"提升服务质量,提高客户满意度"的服务策略,提高员工的素质和技能水平,抓住机会,尽可能迅速地走近客户,了解客户的需求,加强服务营销,从而提高客户的满意度。

三、过程业绩检视和改进

1. 过程业绩检视的作用

过程业绩检视就是由管理层组成的业绩检视机构,通过报表和定期会议的形式,对各部门管理人员特别是经营目标的直接责任人进行目标进度检查和计划执行检视的活动。过程业绩检视不仅能使管理层及时掌握经营的状况,及时发现问题并采取改进措施,确保经营目标的实现,而且还运用集体智慧的力量,不断鞭策和驱动员工向正确的方向迈进,实现个人价值。

2. 过程业绩检视的开展

(1) 过程业绩检视组织

1)过程业绩检视组织概述。过程业绩检视机构由过程业绩检视委员会和各级业绩跟踪小组组成。过程业绩检视委员会由总经理、销售总监、客户关怀总监、售后总监、人事行政经理和财务部经理构成,是4S店进行业绩检视和解决所发现问题的非常设机构,其组织结构如图5-2所示。

2)过程业绩检视委员会的工作职能。

① 对销售和售后业务工作阶段性的结果进行检视,帮助被质询的人员分析出现偏差的原因,并对其拟定的改进措施给予评估和指导。

② 敦促、监督责任人提出改进行动措施并跟踪行动措施实施的效果。

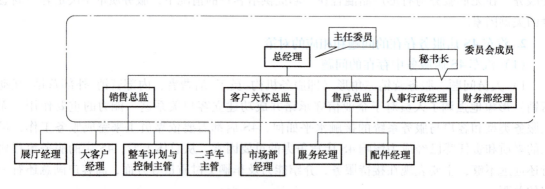

图5-2 过程业绩检视委员会的组织结构

(2) 过程业绩检视的四项基本原则

1)以经营结果为导向。过程业绩检视的主要目的是及时发现营运结果与4S店经营目标的偏离情况,以便采取对应的改善措施。

2)以运作数据为依据。强调"以数据说话"的观点,要求被质询人员在汇报业绩时要对应绩效指标汇报具体的业绩数据,并由财务部门和相关数据统计部门对数据的真实性和准确性进行核对,尽量不使用定性描述和没有根据的描述,以避免虚报业绩、掩盖问题等现象。

3）以寻找差距和解决问题为目的。以过程分析为基础分析出现业绩差距的原因，例如对销售目标没有完成的情况，可以从客流量、客户留档率、试乘试驾率、客户需求分析完整率、客户跟踪有效率、成交率等过程数据进行分析，准确定位差距产生的原因，以提高改善措施的准确性、针对性和有效性。

4）对事不对人。业绩质询的过程是寻找问题并及时改进的过程，质询人员可以质询被质询人员相关数据来源、针对发现的问题如何分析、采取了什么改进措施以及效果如何，也可以对问题分析的程度（如深度和全面性等）、所采取的改善措施的针对性和力度、资源耗费等进行评论和提供建议，帮助当事人更清楚地认识问题和确定改进措施。切不能对当事人横加指责，或进行人身攻击。

四、绩效考核

（1）**绩效考核和激励系统**　在每个营运周期结束后，4S店必须按照绩效考核的周期安排对相应的员工进行绩效的评价，并根据评价的结果和业绩合同的约定当期向被考核者兑现奖金和工资升降的承诺，以激励员工的工作热情。绩效考核和激励系统的结构如图5-3所示。

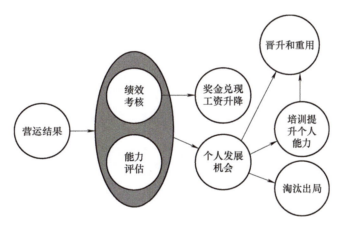

图5-3　绩效考核和激励系统的结构

（2）**绩效考核的目的**

1）确认员工的价值和工作成果，为薪资调整、激励培训、职位晋升等提供客观依据，提高员工在工作执行中的主动性，促进员工工作能力的发挥。

2）通过上下级的绩效谈话，帮助员工理解上司对自己的要求，明白"工作做得好"的标准，寻找职业能力的不足并明确如何提高职业能力和绩效。

3）创造公平的评价和分配机制，个人利益和企业利益挂钩，促使以结果为导向的企业文化的形成。

（3）**绩效考核的基本原则**

1）结果导向原则。

2）统一标准原则。统一采用标准的计算方法对员工个人绩效进行评估，确保打分机制公开、公平和公正。

3）垂直考核原则。

4）沟通交流原则。
5）客观公正原则。

(4) 绩效管理流程

1）设定绩效目标。根据企业的年度经营计划目标，由总经理设立各部门月度绩效目标，部门经理将目标分解至基层主管，由基层主管拟定每位员工当月绩效考核目标。

2）绩效辅导与观察。工作目标和计划的实施过程是管理者与员工共同实现目标的过程，日常的绩效辅导是保证绩效目标达成的重要管理步骤，是各级管理者不可推卸的责任。绩效观察是直接上级有步骤、有方法地观察、收集员工绩效行为和工作结果的过程，是对员工做出绩效评估的基本前提。

3）绩效考核与评估。就各项工作任务目标的完成情况，对员工工作结果进行评分，然后按分数排序，并根据"1级、2级、3级、4级"绩效定义，得出四个等级的考核结果。

项目六

新能源汽车售后服务知识拓展

任务一　上汽荣威绿芯管家—双顾问式服务

任务目标

1. 了解新能源汽车的售后服务新理念。
2. 掌握新能源汽车对应的双顾问服务模式。
3. 掌握双顾问服务模式流程。

建议学时

2学时。

相关知识

一、"双顾问"接车准备

由专属服务顾问和技术顾问共同实施接车准备，在进行接车工作前，需要进行准备的内容包括：

1）检查电脑是否正常连接系统（DMS系统）、打印机等工作是否正常。

2）单据准备：预检单、维修委托书、最终检查单、打印纸。

3）物料准备：六件套（主驾座椅套、主驾脚垫、转向盘套、变速杆套、副驾脚垫、副驾座椅套）、名片、夹板、笔、纸巾、计算器、垃圾桶、白手套、绝缘垫、绝缘手套、绝缘鞋。

二、迎接到店客户

1）引导客户停车并接待。

2）主动为客户打开车门，礼貌地请客户下车。

3）问候客户，专属服务顾问递送名片、自我介绍，随后介绍技术顾问。

4）礼貌地请教客户称呼，适当推销自己和企业。

在迎接初次到店的客户时，需向客户介绍的两点内容：

1)"绿芯管家"的特色——免预约、免等待，提高客户的满意度。
2)"双顾问"的作用——更好地为客户提供优质服务，创建服务品牌。

三、环车检查与车辆问诊

由专属服务顾问陪同客户进行环车检查（其中发动机舱和行李舱部分由技术顾问进行检查），技术顾问进行车辆问诊，双顾问配合完成预检单填写。如需试车，技术顾问陪同客户试车，并与客户确认试车结果。

环车检查与车辆问诊是接车过程中最重要的工作之一，其主要目的有：
1) 明确客户的主要服务项目。
2) 记录车辆以前的损伤情况。
3) 记录所有已经遗失或损坏的部件。
4) 发现额外需要完成的工作（客户没有发现的问题）。
5) 提醒客户存放或带走遗留在车内的贵重物品。
6) 有效减少后期交车时可能出现的争议，避免不利索赔。
7) 发现车辆表面问题（环车检查）和内在问题（车辆问诊），询问客户车辆使用状况及存在问题。

环车检查步骤如下：
1) 铺设六件套（双顾问同时操作），记录座椅位置。专属服务顾问介绍保修政策、常规维护等注意事项。
2) 检查仪表盘上电是否正常，检查行驶里程、续驶里程、剩余电量、剩余油量、有无故障灯点亮。
3) 检查空调、暖风，检查灯光等项目。
4) 检查内饰、风窗玻璃、车窗、反光镜、后视镜，确认有无贵重物品。
5) 检查车辆左前方。检查左前门、左前翼子板、左前轮胎等。
6) 检查车辆正前方。检查发动机舱盖、进气栅格、保险杠等。
7) 打开发动机舱盖，检查发动机舱内部主要项目（技术顾问）。
8) 检查车辆右前方。检查右前门、右前翼子板、右前轮胎等。
9) 检查车辆右后方。检查右后门、右后翼子板、右后轮胎等。
10) 检查车辆正后方。检查行李舱盖、后保险杠等。
11) 打开行李舱盖，检查蓄电池冷却液液位、车载充电机、高压线束、充电连接线、随车工具、补胎液、三角警示牌等主要项目（技术顾问）。
12) 检查车辆左后方。检查左后门、左后翼子板、左后轮胎等。
13) 预检单记录、说明（专属服务顾问），客户和专属服务顾问共同在预检单上签字确认。

在环车检查与车辆问诊过程中，需要完成接车工作中的四项重要工作：
1) 通过环车检查发现车辆表面问题和缺陷，建议增补或修复。
2) 通过车辆问诊了解客户车辆使用状况及存在问题，推荐维修服务增项。
3) 了解客户用车打算，分析客户需求，专业地推荐精品服务增项和特色服务增项，并做项目简介和价格预估。

4）倾听客户的问题和异议，用或通俗、或专业语言回答，消除客户疑虑，让客户理解。

四、制订工单

由专属服务顾问与客户确认维修工单项目，并制订工单（使用专属服务工单标识章，凸显客户尊贵），其中需要注意的要点为：

1）引领客户到维修服务接待台落座。
2）为客户提供三种以上饮品供其选择。
3）确定客户、车辆、维修历史等基本信息。
4）请客户最后确认本次维修、维护、服务项目，预估价格及时间。
5）请客户最后确认本次推荐的精品、特色服务增项，预估价格及时间。
6）有礼貌地请客户在维修委托书上签字确认。

五、安排客户等待

专属服务顾问在安排客户到休息室等待的过程中，需要注意的内容包括：

1）专属服务顾问陪同、引领客户到休息室休息。
2）简要介绍休息室功能分区及透明玻璃观看维修车间维修、维护、服务情况。
3）专属服务顾问礼貌地递送饮料。

六、派工

在派工过程中要确保维修任务分配均衡，合理利用可用维修时间，不应出现同工种不同班组工作量差异过大等现象；对于某些车辆要考虑优先安排；要了解维修工作类别、工作复杂程度及标准作业时间，妥善地派工。

七、车辆交付

在交车环节中，技术顾问负责核对维修项目，确认完工，并负责清洁车辆，做好交车准备；专属服务顾问做好单据准备（问诊预检单、维修委托书、最终检查单），并准备好行驶证。

专属服务顾问和技术顾问陪同客户验车，做维修旧件展示和清洁说明，其中包含的内容有：

1）邀请客户查看竣工车辆，专属服务顾问和技术顾问共同陪同客户验收。
2）请客户查看洗车情况，向客户解释维护项目，让客户满意。
3）请客户查看维修服务项目，查看增补项目及精品服务项目等，让客户满意。
4）打开发动机舱盖进行维护维修项目说明。
5）打开行李舱盖进行维护维修项目说明。
6）旧件展示，说明处理方式。
7）请客户在维修委托书上签字确认。

专属服务顾问向客户解释结算单，并告知车辆使用注意事项、保修政策、应急处理等事项，主要内容包括：

1）打印结算单（提供单据）。
2）费用说明（菜单式报价、结算方式问询）。
3）请客户在结算单上签字确认。

八、缴费结算

专属服务顾问陪同客户结账，内容包括：
1）专属服务顾问陪同客户至收银处。
2）收银员站立，面带微笑为客户服务。
3）收银员复核费用，打印费用清单。
4）请客户再次核对结算单，并签字确认。
5）付款结账，收银员在维修委托书上做"付讫"标记，将发票和提车联交给客户。
6）结账结束，收银员向客户表示感谢。

九、送别客户

若客户与专属服务顾问没有建立微信联系，专属服务顾问可邀请客户加手机微信，并介绍专属服务功能及活动项目；专属服务顾问和技术顾问共同陪同客户上车并目送离开。此处需要注意的内容包括：
1）专属服务顾问邀请客户加手机微信，并介绍专属服务功能及活动项目。
2）当客户面取下六件套。
3）温馨提示、客户关怀（下次维护提醒、预约宣传、回访时间问询）。
4）致谢，挥手道别。

十、完善客户档案

送别客户后，专属服务顾问需整理单据、物料。将客户车辆维修资料输入系统中，完善客户档案，并存档。

以上内容为服务接待工作内容及注意事项，其中专属服务顾问身着日常工装（正装），技术顾问身着维修工装。在检查的过程中，技术顾问需注意绝缘手套的正确使用，提示客户各类用车安全以及高压防护注意事项。在接车时，专属服务顾问需要体现"专属管家"这一理念，本着"专属管家"服务模式理念，了解客户的个人情况、用车情况、用车需求、车辆特点等，给客户以"专属管家"式服务的良好体验。

任务二　透明车间与手机 APP 的互联管理

任务目标

1. 了解透明车间与手机互联的优势。
2. 掌握新技术在售后服务领域的应用。

建议学时

2 学时。

一、透明车间管理系统

基于汽车 4S 店服务现场性、及时性的特点和客户对服务透明、公开、省时的诉求，透明车间管理系统应运而生。透明车间管理系统是采用国际上最先进的全自动电子看板管理技术，用现代科技设计的一套集无线移动技术、电脑软件、互联网络、语音播报、大屏幕终端显示设备等技术的综合管理系统。

透明车间管理系统可以自动监管从接车维修到出厂过程的所有数据，并将这些大量的枯燥的数据从各种角度提炼出来，以壁挂式屏幕的方式显示在大屏幕上（维修看板），管理更先进。

透明车间管理系统的优势在于：

1）最大化调配利用工位资源。
2）最大化提升维修班组的工作效率。
3）第一时间发现异常并介入调整。
4）让管理变得简单，提高管理效率。
5）让数字说话，为制订企业发展战略提供事实依据。
6）节省客户等待时间。
7）让客户感觉温馨和放心。
8）提升品牌服务形象和美誉度。
9）提高客户忠诚度，并吸引更多客户，步入良性循环。

二、透明车间与 APP

透明车间业务综合利用视频监控、流媒体转发、移动互联网等多种技术实现，用于提升用户对汽车 4S 店的信赖度。透明车间管理系统的功能架构图如图 6-1 所示。

透明车间业务可以实现：

1）客户入店信息提示。车辆入店后在 LED 屏上显示欢迎信息，同时提示服务顾问接待入店客户，并给予预约信息、客户基本信息（姓名、性别、生日、手机号码、购车日期等）、上次来店信息、客户喜好等记录在系统内的个人信息。

2）车辆维修/维护过程监控。客户可以在店内通过手机 APP 端观看到车辆维修/维护的全过程，整个过程透明化，提升客户对 4S 店的信赖度。

3）维修/维护过程自动切换。当检测到车辆在维修/维护的各个阶段时，自动切换车辆的维修/维护状态，同时更新车辆的维修/维护进度信息。

4）在客户休息区内可实时观看到车辆维修视频。

透明车间的软件应用结构如图 6-2 所示。

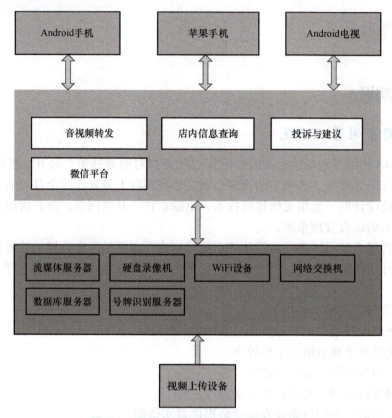

图 6-1　透明车间管理系统的功能架构图

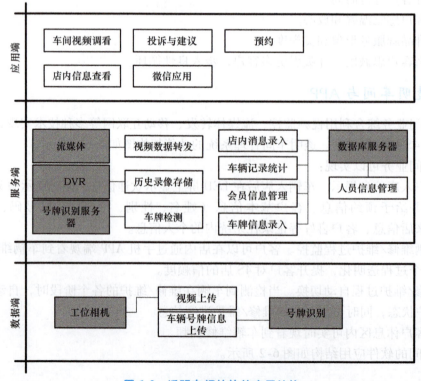

图 6-2　透明车间的软件应用结构

三、系统所解决的问题

透明车间及信息化系统在解决客户问题的同时，提升客户对汽车 4S 店的满意度、忠诚度，对客户以及潜在客户的分析可以为汽车 4S 店的服务提升提供数据依据，同时为决策提供数据支撑。

透明车间管理系统为专用系统，避免了常规系统被应用运营商/提供商的数据绑架，保证了数据的真实性及可靠性，同时也保障了客户数据的安全性。

参 考 文 献

［1］金加龙. 汽车维修业务接待［M］. 北京：电子工业出版社，2008.
［2］谭本忠，于立辉. 汽车维修前台接待［M］. 北京：北京理工大学出版社，2011.
［3］吴晓斌. 汽车营销礼仪［M］. 北京：人民交通出版社，2014.
［4］罗予，杨丽. 汽车售后服务接待［M］. 北京：机械工业出版社，2016.
［5］盛桂芬. 汽车售后服务接待［M］. 北京：机械工业出版社，2015.

职业教育汽车类专业"互联网+"创新教材
汽车技术服务与营销专业"校企合作"精品教材

汽车售后服务接待实训工单

北京运华科技发展有限公司　组编
主　编　张　燕　刘　铭
副主编　林　凤
参　编　吴风波　于　敬　孙　静　刘长策
　　　　郑瑞娜　赵一敏

目录

项目二 售后客户接待与客户分流	1	实训工单一	售后前台电话业务受理	1
		实训工单二	到店客户识别与分流	4
		实训工单三	售后服务接待礼仪	7

项目三 售后服务接待核心流程	12	实训工单一	日常维护业务接待流程	12
		实训工单二	车辆常见故障维修业务接待流程	24
		实训工单三	事故车辆维修业务接待流程	33
		实训工单四	常见客户异议处理	37

项目四 售后服务业务拓展	40	实训工单一	售后服务产品推广	40
		实训工单二	普通客户的开发与维护	44
		实训工单三	重点客户的开发与维护	47

| 项目五 售后战略制订与售后服务管理 | 50 | 实训工单一 | 制订服务部门标准和方针 | 50 |
| | | 实训工单二 | 资源的协调与管理 | 53 |

| 附录 | 56 | | 汽车服务接待仿真教学系统简介 | 56 |

项目二

售后客户接待与客户分流

实训工单一　售后前台电话业务受理

学院		专业	
姓名		学号	

一、接受工作任务

实习生小李在车间实习一段时间后,被正式派到服务前台工作,负责客户来电接听和转接工作。今天是小李在该岗位工作的第一天,早上她就接到了一个转接服务经理的电话。她应该如何处理呢?

二、信息收集

1) 服务顾问接听电话最好在响铃（　　）声之内接听。
A. 3　　　　　B. 4　　　　　C. 5　　　　　D. 6

2) 服务顾问接听电话时需合乎礼仪,需要注意（　　）。
A. 拿起话筒,先自报家门
B. 仔细接听、态度热情、亲切、谦恭
C. 通话中不率先中止通话
D. 若因特殊原因中止通话,应约好下次通话时间后主动致电

3) 通话中如遇特殊情况不得不中止电话,以下哪一说法（或做法）是比较合适的?（　　）
A. 直接挂掉电话,先处理紧急事宜
B. "先这样吧,我现在有事,您过会再打来吧!"
C. "不好意思,我现在没时间解答您的问题。"
D. "不好意思,我现在有急事,我9点钟再打给您好吗?"

4) 服务顾问代接电话的时候应该注意哪些问题?（　　）
A. 尊重对方隐私　　　　　　　　B. 代接内容记录准确

C. 及时转达代接电话内容　　　　　D. 代被转接人办理相关事宜

5）服务顾问接听电话时恰逢另一个来电，应如何保持主次分明？

_____
_____
_____

6）以下关于电话转接的说法正确的有（　　）。
A. 如果客户指名找××服务顾问，要重复一遍以确认要转接的相关人员
B. 应先告知××服务顾问来电情况再转接
C. 如被找人员不在或不方便接听，需要告知大致等待时间
D. 不要让对方一直等，可以先代为处理一些事情

7）以下哪项不属于来电客户登记表的内容？（　　）
A. 预约维修内容　　　B. 车牌号　　　C. 来电客户姓名　　　D. 车架号

三、制订计划

根据所学知识，制订服务顾问小李受理电话业务的工作计划。

四、计划实施

1）根据所学知识，设计电话转接常见情境剧本，由两到三名学生完成，时间为15min。

_____
_____
_____
_____
_____
_____
_____
_____

2）按照要求，认真填写来电客户登记表。

来电客户登记表

日期	时间	客户姓名	客户电话	来电内容	接听人	备注

五、质量检查

请实训指导教师对计划实施结果进行评价。

序号	学习目标	达成情况	
		能	不能
1	能够将5S规范落实到位：物品摆放整齐、场所清洁、不存在安全隐患、准备好接待用的笔纸等		
2	能够在响铃三声前接听，或超时接听后表示歉意		
3	能够分时问候（早上好/上午好/下午好/晚上好），问候时面带微笑		
4	能够完整地进行自我介绍，内容应包括4S店名称、职务、姓名等		
5	询问客户的称呼，能够在随后的沟通中注意带姓称呼		
6	询问客户来电事宜并确认，能够倾听其所委托的事并做记录		
7	能给予明确答复或帮助		
8	能够对交谈约定内容进行确认，询问客户是否还有其他要求		
9	能够留下客户的信息及联系方式		
10	通电话结束时，要感谢客户来电；等客户先挂断电话后再挂电话		
11	能够及时整理客户资料		
12	能够符合电话接听、代接和转接的话术要求		

六、评价反馈

请根据自己在本次任务中的实际表现进行评价。

序号	评分标准	评分分值	得分
1	明确工作任务，理解任务在企业工作中的重要程度	10	
2	能够运用接听电话的礼仪，解决来电客户的疑问	30	
3	能够及时准确地进行电话转接	40	
4	能够有效地记录客户电话访问信息	20	
合计（总分100分）			

实训工单二　到店客户识别与分流

学院		专业	
姓名		学号	

一、接受工作任务

　　服务顾问小李正在整理今天上午记录的资料，这时，一对年轻的夫妇来到前台，小李应该如何进行客户识别与分流呢？

二、信息收集

1）来店进行故障车辆维修的客户的心理状态一般是怎样的？
_____
_____

2）来店进行故障车辆维修的客户一般有哪些期望？（　　　）
　　A. 服务可靠，能够兑现在各个服务环节的承诺
　　B. 礼貌、友好、平等地对待客户
　　C. 能够对故障车辆提出专业性的维修建议，并中肯地推荐服务项目，维修价格合理
　　D. 服务全面优质，服务氛围良好

三、制订计划

　　根据所学知识，制订服务顾问小李进行到店客户识别与分流的工作计划。

四、计划实施

1）根据所学知识,设计到店客户识别与分流常见情境剧本,由两到三名学生完成,时间为15min。

_____
_____
_____
_____
_____
_____
_____
_____
_____
_____
_____

2）按照要求,认真填写来店客户登记表。

来店客户登记表

以下由预约人员填写

预约登记日期		服务助理		预约维修时间	
客户姓名		车牌号		车型	
联系电话		行驶里程		预定服务顾问	

客户描述:

预约维修内容	工时费用	所需备件	价 格	备件状态
与客户提前一天确认预约	是	否		
预约所需备件是否已准备	是	否		
预约时间是否改变	是	否	新预约时间	
以下由预定服务顾问填写				
预约所需维修技师是否已到位	是	否		
预约所需备件是否已准备	是	否		
与客户提前一小时确认预约	是	否		
填写预约欢迎板	是	否		
预约时间是否已改变	是	否	新预约时间	
取消预约分析	是	否		
客户主动取消预约				
4S店未能执行预约原因				

五、质量检查

请实训指导教师对计划实施结果进行评价。

序号	学习目标	达成情况	
		能	不能
1	能够将5S管理落实到位：物品摆放整齐、场所清洁、不存在安全隐患、准备好接待用的笔纸等		
2	能够分时问候（早上好/上午好/下午好/晚上好），问候时面带微笑		
3	能够完整地进行自我介绍，内容应包括4S店名称、职务、姓名等		
4	询问客户的称呼，能够在随后的沟通中注意带姓称呼		
5	询问客户来店事项并确认，能够倾听其所委托的事并做记录		
6	能给予明确答复或帮助		
7	能够对交谈约定内容进行确认，询问客户是否还有其他要求		
8	能够将客户带领至相关服务顾问，或进行合理分配		
9	能够留下客户信息及联系方式		
10	能够及时整理客户资料		

六、评价反馈

请根据自己在本次任务中的实际表现进行评价。

序号	评分标准	评分分值	得分
1	明确工作任务，理解任务在企业工作中的重要程度	10	
2	能够运用接待礼仪规范接待到店客户	10	
3	能够初步了解客户需求	20	
4	能够有效地完成客户分流引导	30	
5	能运用沟通技巧，完成客户基本信息与来访意向收集，并记录	30	
	合计（总分100分）		

实训工单三　售后服务接待礼仪

学院		专业	
姓名		学号	

一、接受工作任务

　　服务顾问小李在公司里学习了一段时间后，今天正式开展工作，早晨检查仪容仪表后来到了4S店，和领导、同事问好，然后准备好工作所需资料，开始新的工作。客户来到4S店，按照规范的礼仪接待客户，发放名片，解决客户问题。

二、信息收集

　　1）分别填写下图中服务顾问各个部位仪容仪表的注意要点。

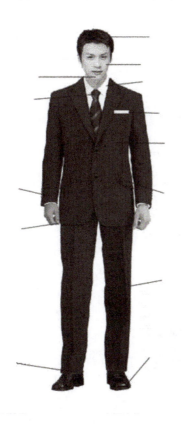

2）请根据接待客户的规范礼仪完成下面问题。

① 查阅资料，参考下图，写出引导客户时的标准手势要求。

_____
_____

② 查阅资料，参考下图，写出行走时的要求。

_____
_____

③ 查阅资料,参考下图,写出站立时的要求。

_____

④ 查阅资料,参考下图,写出坐定时的要求。

_____
_____

⑤ 查阅资料，参考下图，写出蹲下拿东西或捡东西时的要求。

_____

3）举例说明下列不同类型的基本用语。
① 服务顾问见到客户来访时使用的基本用语：
_____
② 请客户登记或办理其他手续时使用的基本用语：
_____
③ 需要打断客户或其他人谈话时使用的基本用语：
_____
④ 客户告辞或离开时使用的基本用语：
_____

三、制订计划

根据所学知识，制订服务顾问小李在进行客户接待工作时执行礼仪规范的工作计划。

四、计划实施

针对以下情境，按照礼仪规范相关要求进行训练。

1）晨会结束后，服务顾问检查自身的仪容仪表，在接待前台等候客户到来。
2）看到客户进店时，主动迎接客户，进行自我介绍，并询问客户来意。
3）客户表示找××服务顾问时，通知××服务顾问，引导客户到休息区就座，递送饮品，引荐××服务顾问并离开。
4）客户表示想要离开，引导客户出店，目送客户离开。
5）客户离去后，回到工位，整理客户信息。

五、质量检查

请实训指导教师对计划实施结果进行评价。

序号	学习目标	达成情况	
		能	不能
1	能够在穿衣镜前自检仪容仪表、佩戴工作牌、检查工具夹、站在接待前台等候客户来店		
2	表情到位、站姿（手持工具夹）标准；客户到店时，能够问候、鞠躬、自我介绍、递名片、询问客户尊称、询问客户来意		
3	能够对客户进行正确的引导，走姿标准		
4	能够掌握握手礼仪规范，正确运用礼貌用语		
5	能够填写客户信息登记表、确定邀约时间		

六、评价反馈

请根据自己在本次任务中的实际表现进行评价。

序 号	评分标准	评分分值	得 分
1	明确工作任务，理解任务在企业工作中的重要程度	10	
2	能够做到仪容仪表规范	20	
3	能够做到日常行为动作规范	20	
4	能够运用职场礼仪开展工作	20	
5	能够运用接待礼仪规范接待到店客户	30	
合计（总分100分）			

项目三

售后服务接待核心流程

实训工单一　日常维护业务接待流程

学院		专业	
姓名		学号	

一、接受工作任务

客户进行预约后，服务顾问做好接待准备；客户到达4S店后，服务顾问进行热情周到的接待并陪同客户一起完成环车检查，根据客户描述及对车辆的检查情况判断维护、维修的内容并制订维修方案。车辆送入维修车间后，服务顾问将维修技师的操作情况和当前进度及时反馈给客户。维护完成后，通过质检的车辆由服务顾问通知客户取车，解释维护费用，完成结算。送离客户后，在三日内对客户进行回访。

二、信息收集

1) 查阅资料，了解预约服务。
① 列举生活中你所了解的有预约服务的行业。
_____
_____

② 根据企业与客户之间的主动或被动的情况，把预约分为哪两类？
_____
_____

2) 在客户到来前准备迎接时，服务顾问应对自身仪容仪表的哪几方面进行检查？
_____
_____

3) 什么是5W2H问诊法？
_____
_____

4）对车辆进行维护派工前的预检有何意义？

5）维修委托书中包含哪些信息？为什么要使用维修委托书？

6）查阅资料，参考下图，说明维修作业管理看板一般都包含哪些内容。

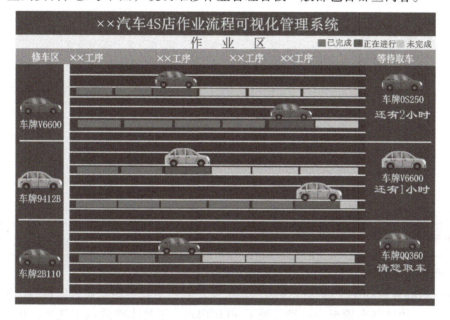

7）服务顾问应该如何跟踪车辆维护进度？

8）查阅资料，分析如何确保维修质量。

9）请说明车辆交付前需要交给客户的资料有哪些。

10）请分析车辆交付时需要给客户做哪些解释。

11）请分析对客户回访的内容应该包括哪些方面。
_____
_____

三、制订计划

　　客户王先生的车辆距上次维护已经 3 个月了，需要到店进行车辆定期维护。请根据日常维护业务接待流程要点，制订电话邀约、客户接待、车辆维护、售后回访等工作计划。

四、计划实施

1）阅读以下材料，完成相应问题。

　　某 4S 店服务顾问小李通过查询店内系统发现客户王先生距上次来店进行车辆维护已经 3 个月了，预计其车辆至今已经行驶了 30 000km。于是小李致电王先生，提醒其按期来店维护。王先生预约周六上午 9 点到店。

　　① 请根据材料的内容，设计预约致电话术，完成下表。

预约致电话术

服务顾问小李	客户王先生
小李：	王先生：
小李：	王先生：
小李：	王先生：
小李：	王先生：
小李：	王先生：

② 根据材料的信息，填写预约登记表。

预约登记表

服务顾问：＿＿＿＿＿＿＿＿　　　　　　　　　　　　　　　　　＿＿＿＿年＿＿月＿＿日

客户基本情况			
客户姓名：		联系电话：	
车型：		行驶里程：	
车牌号码：		上次进站日期：	
预约情况			
预约进站时间	年 月 日 时 分	预约交车时间	年 月 日 时 分
预约内容			
客户描述：			
故障初步诊断：			
所需配件（零件号）、工时：			
维修费用估价：			
客户其他需求：			
预约上门取车时间		年　　月　　日　　时　　分	
预约上门交车时间		年　　月　　日　　时　　分	
取车人/交车人签名：		客户或交接人签名：	
备注：			

③ 按照预约登记表与客户确认预约情况，如果服务顾问小李使用的是短信确认的方式，请写出预约短信的内容。
＿＿＿
＿＿＿
＿＿＿

2）周六上午 9 点客户王先生准时来到 4S 店，服务顾问小李接待了王先生，通过与王先生交流，了解其需求。需求分析的方法有：
＿＿＿
＿＿＿
＿＿＿

3）车辆问诊和预检。

① 客户王先生预约后，周六上午 9 点带着维护手册如期到达某 4S 店进行车辆维护，车型为东风雪铁龙两厢世嘉，车辆里程表显示数值为 30 000km，服务顾问小李接待了王先生，准备进行接车问诊工作。

请设计出小李和王先生沟通的完整话术，完成下表。

问诊话术及注意事项

客户期望	问诊话术	注意事项
1. 如果含备件费在内的费用低于300元，则王先生将接受这项服务 2. 王先生希望3h后取车 3. 需要将王先生送到最近的地铁站 4. 王先生想用会员信用卡支付，这样可以享受10%的折扣 5. 王先生没有其他担心的问题		

② 环车检查过程中，小李对王先生的车辆进行了详细的检查。请总结出小李与王先生对车辆进行互动检查时的检查内容，并设计出检查情况说明的话术，完成下表。

互动检查

序号	位置	检查内容	话术
1	车内		
2	左侧车门		
3	左前侧		
4	正前方		
5	右前侧		
6	右侧车门		
7	右后侧		
8	正后方		
9	左后侧		

③ 将小李和王先生环车检查的相关信息记录在问诊预检单中。

问诊预检单

客户姓名：_____ 电话：_____ 车型：_____ 车辆识别号：_____

车　　牌：_____ 里程（km）：_____ 来店时间：____年____月____日____时____分

客户陈述及故障发生时的状况：

故障发生状况提示：行驶速度、发动机工况状态、发生频率、发生时间、部位、天气、路面状况、声音描述等。

初步检测结果及维修建议：

　　　　　　　　　　　　　　　　　　　　　　　　　　服务顾问：　　　　　技术员：

维修维护项目及更换零部件：			
预计交车时间： / / ：	预计材料费用：	工费：	确认人： 合计：

外观确认： （请在有缺陷部位标记"○"）	备注	功能确认： （工作确认√ 不正常×） □音响系统 □点烟器 □中央门锁 □防盗器 □后视镜 □天窗 □四门玻璃升降（ ） 物品确认： （有√ 无×） □贵重物品提示 □灭火器 □工具 □千斤顶 □备胎 □其他（ ） F E 旧件交还客户 □是 □否 洗车 □是 □否

检查费用说明：本次检查出的故障如客户在本店维修，检查费用包含在维修费用内；如不在本店维修，请支付检查费，本次检查费： 元。预计费含检查费、工费、材料费。结账时按实际发生额计算。

贵重物品：在将车辆交给本店检查修理前，已提示将车内贵重物品自行收起来保存好，如有遗失，本店不负责。

服务顾问：_____ 维修工组：_____ 客户确认：_____

4）如何进行维护费用及时间的预估？
① 材料费用：
_____
_____

② 工时费：
_____
_____

③ 外加工费用：
_____
_____

④ 预估车辆的维护时间时，应该考虑哪些因素？
_____
_____

5）根据客户需求和车辆预检情况填写维修委托书。

维修委托书

服务顾问		开单时间		约定取车时间	
客户姓名		VIN			
联系电话		牌照号码		车型	
电子邮箱		发动机号			
联系地址					

功能确认：（工作确认√ 不正常×）
□音响系统 □点烟器 □中央门锁 □防盗器
□后视镜 □天窗
□四门玻璃升降
□其他（   ）

物品确认：（有√ 无×）
□贵重物品提示
□灭火器
□工具 □千斤顶 □备胎

维修授权

结算取车

客户签字

□其他（   ）

	维修技师	工时	维修内容	工费（保修）	工费（客户）
1					
2					
3					
4					
		工时费用小计（元）			

	配件和辅料名称或代码	类别	材料费用（保修）	材料费用（客户）
1				
2				
3				
4				
其他				
结算		费用总计（元）	保修	客户

6）查阅资料，分析如何向客户汇报车辆维护进度，出现增加维修项目如何向客户说明以及维护作业完成后如何进行内部车辆质量检验。

服务顾问小李安排客户王先生到客户休息区等待，将车辆送入维修车间，填写好维修作业管理看板后，小李每隔一小时到车间巡查一次，了解车辆维护的进度并向王先生进行汇报。两个小时后，车辆完成了 30 000km 常规维护作业。在车辆交付给客户之前，车间要监控维修作业质量，避免出现返工或返修现象，以提升客户满意度。请根据实际情况将质检结果填写到维修进程质量检验单中。

维修进程质量检验单

维修委托书编号		维修班组		送修人	
				车牌号	
作业时间		检验时间		预计交车时间	
	项目明细	维修技师自检	质检员终检	服务顾问终检	
维修项目					
服务增项					
不合格项返工记录					
服务延时原因					
交车前外观检验					
试车检验					
是否洗车					
备注					

7）车辆维护完成后，小李通知王先生取车，王先生希望能够检查一下车辆，同时希望小李能够清楚地解释费用组成，并协助自己结算费用，发票开具要迅速，项目详细，数目准确，价格透明，并提供适当的优惠。

请填写结算单，并根据王先生的期望和结算单中的项目信息设计出该过程中小李与王先生交流的话术（应至少包含陪同验车、费用说明、协助结算、回访预约、送别几部分的话术）。

结 算 单

维修委托书编号				企业名称：			
客户				地址：			
电话				电话：			
地址							
牌照号		内饰颜色					
车架号		车体颜色		定期维护	一般修理	下次维护提示	
车型		来店日期				维护里程	
里程数		预定交车日期				预计日期	

序号	作业项目、零件名称、其他费用	操作类型	数量	零件费用	工时费	其他费用
1	提供对车有帮助的建议					
	预约优先服务：提前一天致电预约，可享受优先服务，欢迎拨打预约电话：_____	提醒				
	旧件展示：在交车时展示或归还更换的旧件。客户签名：_____	提醒				
	车辆清洗：维护维修后的车辆会做内外清洁	提醒				
	三天内回访：方便回访的时间_____	提醒				
2	30 000km 定期维护	维护				
	按维护维修手册制订项目操作	检查				
	更换机油/机油格/放油口垫	更换				
	合计金额：_____					

备注：	预算费用：_____
	工时费合计：_____
	零件费合计：_____
	其他合计：_____
	工时费折扣：_____

发票类型		发票编号		结算金额：_____			
				估价	机修	钣金	喷漆	完检

1. 保修规定：_____。
2. 原则上不允许自带配件，车主自带配件，本店不做保修。
3. 欢迎您对我们的服务提出宝贵意见，服务监督电话：_____

结算服务话术

服 务 顾 问	客　户

① 服务顾问解释维护项目和费用时，要抓住哪些要点，以便客户对维护效果予以确认？

_____
_____

② 若客户明确表示不要打电话回访，应如何确认其他回访方式？

_____
_____

③ 服务顾问在向客户展示旧件时，应注意什么细节？

_____
_____

8）按照约定时间，服务顾问小李对客户王先生进行了电话回访，王先生对上次车辆维护结果很满意，同时希望下次维护或维修时能够享受更大的优惠。

① 请根据客户满意度回访单中的项目设计出小李和王先生的对话。

客户满意度回访单

序　号	提　问	回　答	
1	是否当面检查车辆	是	否
2	是否按约定时间交车		
3	是否通知交车延误		
4	所做工作与要求是否一致		
5	是否因什么原因没有支付费用		
6	是否预估了费用		
7	是否认可预估费用		
8	是否已解释工作内容		
9	是否希望得到工作解释		
10	是否提供车辆维护方面的建议		
11	是否因为同一问题进行过返修		
12	交车前车辆是否进行清洗		

客户回访话术	
服务顾问	客　户

② 客户接听电话后说不方便接电话，应该怎样回应？
_____
_____

③ 如果客户留下的电话显示是空号，应该怎样处理？
_____
_____

④ 如果客户反映维护时间长，应该如何应对？
_____
_____

五、质量检查

请实训指导教师对计划实施结果进行评价。

序号	学习目标	达成情况	
		能	不能
1	能够完成拨打预约电话前的准备工作		
2	掌握拨打和接听电话的技巧及规范话术		
3	掌握记录通话内容的技巧		
4	能够顺利完成主动/被动预约并准确填写预约登记表		
5	能够做好客户接待工作，能够正确运用接待礼仪		
6	能够概括车辆维护的类型和内容		
7	能够复述车辆预检的内容		
8	能够说明车辆预检的作用		
9	能够陪同客户一起对车辆进行维护前的预检并正确填写问诊预检单		
10	能够准确地估算维护费用及客户等待时间并正确填写维修委托书		
11	能够向客户解释车辆维护的内容，说明维护费用的组成		
12	能够阐述维修作业时间和工时的含义		
13	能够进行合理派工		

(续)

序号	学习目标	达成情况	
		能	不能
14	能够概括日常维护维修作业的流程		
15	能够及时向客户通报维护过程和结果		
16	能够在车辆维护完毕后进行交车前的全面检查		
17	能够解释维护费用组成并填写交车结算单，完成结算		
18	能够在车辆维护完毕三日之内对客户进行回访并填写客户满意度回访单		

六、评价反馈

请根据自己在本次任务中的实际表现进行评价。

序 号	评分标准	评分分值	得 分
1	掌握接打电话的技巧，可以根据客户的信息及4S店工作情况完成预约工作	10	
2	能够根据客户来店时间做好接待准备工作，掌握不同类型客户的接待技巧，了解客户需求	10	
3	能够根据客户的描述，初步确认车辆问题，规范地完成车辆问诊和预检工作	20	
4	掌握简单的估时、估价方法，可以根据客户车辆的维护项目，准确预估出车辆维护的费用及时间	20	
5	能够完成车辆交付前的准备工作，掌握解释维护项目的方法，向客户说明车辆维护结果，陪同客户完成验收结算	20	
6	掌握客户回访的话术和技巧，能够完成客户回访工作，完善客户资料	20	
	合计（总分100分）		

实训工单二　车辆常见故障维修业务接待流程

学院		专业	
姓名		学号	

一、接受工作任务

客户王先生的车辆行驶了 22 000km，使用时间为一年半。该客户来店反映车辆怠速不稳，发动机故障灯在车辆起动自检后不能熄灭，同时抱怨开空调后风量调节开关不起作用，只有大风，不能调小。客户要求 4S 店进行故障诊断及排除。

二、信息收集

1）查阅资料，总结故障车辆维修接待的基本沟通技巧。

2）请思考如何进行车辆问诊预检。
① 问诊的具体步骤是什么？

② 对车辆进行维修前的预检有何意义？

③ 预检所做的内容有哪些？

④ 进行车辆预检时，是否需要邀请客户一起预检？为什么？

⑤ 对于预检过程中发现客户并不知道的故障现象如何处理？

3）车辆问诊常见问题解答。

车辆问诊常见问题

常 见 问 题	解　　答
为什么冷车噪声大	
维护之后车辆噪声是否会变小	
为何冬天不开空调也不省油	
为什么实际行驶与买车的时候所说的油耗不一样	
为何车辆油耗高	
为何有时车灯内有水汽	
玻璃水有什么用，加水行吗	
冷却液减少能加水吗	
轮胎充氮气有什么好处	
为什么要做轮胎换位动平衡	
刚刚验过车，为何 ABS 灯亮了？怎么办	
走高速跑长途之前应该检查什么	

4）车辆结算时，涉及的维修票据有哪些？
_____
_____
_____

5）在车辆维修完毕三天内对客户进行回访，回访技巧有哪些？
_____
_____
_____

6）查阅资料，对下表中所列的车辆经常出现的一般性故障进行产生原因及处理方法分析。

车辆常见故障原因及处理方法汇总表

序号	常见故障	产生原因分析	处理方法解释
1	发动机冷却液温度高		
2	电动车窗玻璃无法升降		
3	空调不制冷		
4	车辆在颠簸路面行驶时，右前轮有异响		
5	车辆行驶中转向盘发抖		

三、制订计划

根据车辆常见故障维修业务接待流程要点，制订维修接待、维修过程及结果的通报等工作计划。

四、计划实施

1）阅读以下材料，完成相应问题。

客户王先生的车辆行驶了 22 000km，使用时间为一年半。该客户来店反映车辆怠速不稳，发动机故障灯在车辆起动自检后不能熄灭，同时抱怨开空调后风量调节开关不起作用，只有大风，不能调小。客户要求 4S 店进行故障诊断及排除。

① 请完成客户车辆故障分析解决表。

客户车辆故障分析解决表

车辆故障现象	客户希望	服务顾问的回答
车辆怠速不稳故障	解释故障产生原因	
	说明故障处理方法	
	日常用车注意事项	
	等待时间预估	
	维修费用预估	
	维修质量	
	维修等待期间的安排	
	维修后维修质量的跟踪	
发动机故障灯亮	解释故障产生原因	
	说明故障处理方法	
	日常用车注意事项	
	等待时间预估	
	维修费用预估	
	维修质量	
	维修等待期间的安排	
	维修后维修质量的跟踪	
风量调节开关不起作用	解释故障产生原因	
	说明故障处理方法	
	日常用车注意事项	
	等待时间预估	
	维修费用预估	
	维修质量	
	维修等待期间的安排	
	维修后维修质量的跟踪	
车辆检查后有无潜在问题	有潜在故障	
	无潜在故障	

② 针对上述材料中的故障现象，如何进行维修过程及结果的通报？
_____
_____
_____

2）如何进行客户回访？
① 请分析客户回访对接待工作有何意义？
_____
_____
_____

② 某男性客户，58岁，职业为工程设计师，半年前因为车辆转向沉重，同时对车辆进行首次维护来店。该客户平时使用车辆时间较少，上次来店时行驶里程为2 000km。现在请你致电该客户进行回访，回访内容为：
_____
_____
_____

③ 某男性客户，40岁，职业为某公司职员，节假日喜欢外出旅游，2天之前因为车辆左前减振器异响到4S店进行了更换。现在请你致电该客户进行回访，回访内容为：
_____
_____
_____

3）根据客户描述的故障情况，进行车辆故障维修业务的接待（使用汽车服务接待仿真教学系统完成该部分实训内容）。
① 请服务顾问向客户询问到店意图。

_____
_____

②请服务顾问走到车间，寻找车间主任，并与车间主任沟通客户车辆情况。

③请服务顾问走到客户面前，向客户介绍车间主任，并配合车间主任对车辆进行检查。

④请打开右转向。

⑤ 请关闭转向灯,打开双闪。

⑥ 请服务顾问用对讲机与配件经理联系。

⑦ 请服务顾问向客户说明情况。

五、质量检查

请实训指导教师对计划实施结果进行评价。

序号	学习目标	达成情况	
		能	不能
1	熟知常见故障的诊断方法与步骤,听取客户对车辆故障现象描述后,能初步判断故障原因		
2	熟知常见故障分析与诊断及维修项目解释的内容,能向客户解释车辆故障原因		
3	知道维修时间的构成及工时费的估算方法,能预估车辆维修费用及等待时间		
4	熟知汽车售后服务检查工作流程,车辆维修完毕后,能进行交车前的全面检查		
5	了解维修票据、财务结算基础知识,能向客户解释车辆维修所做工作、费用构成		
6	熟知结算交车的工作流程,能向客户交付已经维修、清洗完毕的车辆		
7	知道跟踪回访的技巧,在车辆维修完毕后的三日之内对客户进行回访		

六、评价反馈

请根据自己在本次任务中的实际表现进行评价。

序 号	评分标准	评分分值	得 分
1	引导车辆,主动为客户打开车门(一只手开门、一只手背在上门边沿)	5	
2	主动确认客户姓名并在接待过程中始终带姓氏尊称客户	5	
3	主动问候客户并自我介绍,主动递送名片,文字正面朝向客户方向	5	
4	主动邀请客户进行环车检查并告知对客户及车辆的好处	5	
5	放置预约标识牌,并告知客户预约服务的好处(对于非预约客户,则提醒下次记得预约,并告知预约服务的好处)	5	
6	主动使用四件套等车辆保护用品并告知客户这样做的好处	5	
7	起动车辆后,对客户所报车辆故障情况进行检查并记录	5	
8	常见故障问答	15	
9	正确预估维修时间及维修费用	10	
10	制单派工	5	
11	在维修过程中,全程跟踪,随时联系;维修完成后进行维修质量检查	15	
12	根据客户车辆维修情况,进行客户回访工作	20	
合计(总分100分)			

实训工单三　事故车辆维修业务接待流程

学院		专业	
姓名		学号	

一、接受工作任务

客户王先生驾驶的车辆甲在行驶过程中与前方车辆乙发生追尾，车辆甲前保险杠受损，车辆乙后保险杠、左后尾灯受损，客户王先生已在现场报交警和保险公司，交警判定甲车车主王先生负全责，无人伤。现甲车被拖至某4S店，根据车辆实际情况进行接待。

二、信息收集

1）常见的车辆保险种类及条款。

① 请根据车辆保险的分类完成下表。

车辆保险常见险种分类

基 本 险	附 加 险
车辆损失险	1. 2. 3. 4. 新增加设备损失险
第三者责任险	 车载货物掉落责任险 车上货物责任险

② 请将以下关于机动车交通事故责任强制保险（简称交强险）的描述补充完整。

保险责任：_____。

赔偿项目：交通事故中的死亡伤残赔偿、医疗费用赔偿、财产损失赔偿等。

责任限额：机动车在道路交通事故中有责任：死亡伤残赔偿限额_____元，医疗费用赔偿限额_____元，财产损失赔偿限额_____元；机动车在道路交通事故中无责任：死亡伤残赔偿限额_____元，医疗费用赔偿限额_____元，财产损失赔偿限额_____元。

2）作为一名服务顾问，为确保做好事故车辆维修接待工作，需提前做好哪些方面的准备？

_____
_____
_____
_____

三、制订计划

根据事故车辆维修业务接待流程要点,针对客户王先生的车辆,制订事故车辆接待工作计划。

四、计划实施

1)服务顾问在车辆定损过程中应注意哪些问题?

2)界定零部件是需维修还是需更换的主要依据有哪些?

3)维修过程中,如果出现增项,应如何处理?

4)为便于客户顺利完成车辆的保险理赔工作,客户来店应带哪些资料?

5）请根据工作任务的内容设计话术，完成下表。

服务顾问小李	客户王先生
小李：	王先生：
小李：	王先生：
小李：	王先生：
小李：	王先生：
小李：	王先生：
小李：	王先生：
小李：	王先生：

五、质量检查

请实训指导教师对计划实施结果进行评价。

序号	学习目标	达成情况	
		能	不能
1	掌握接车服务的流程，能够说明事故车辆维修接待的内容		
2	能够运用客户车辆出险后的沟通技巧，确认客户及车辆的基本信息		
3	了解常见的车辆保险种类及条款，能够提取事故车辆索赔信息		
4	了解常见事故车辆索赔的程序，能够表述不同保险车辆事故类型的处理过程		
5	能够协同保险公司定损人员对事故车辆进行定损，确认相关资料		
6	能够预估维修费用及车辆交付时间，并制订维修委托书		
7	掌握维修增项处理的内容，能够及时与保险公司和客户沟通		
8	掌握交车前全面检查的内容和沟通技巧，能够对事故车辆进行质检和交付		
9	阐述财务结算的内容，能够向客户解释维修内容及费用组成，并协助客户交清余款		
10	学习保险公司结算流程，能够将维修单据及相关资料交至保险公司进行理赔		
11	能够在交车后的2~3天内对客户进行回访		

六、评价反馈

请根据自己在本次任务中的实际表现进行评价。

序　号	评分标准	评分分值	得　分
1	主动问候客户，热情接待到店事故车辆，与客户一起进行车辆外检、照相、估价，若保险公司已估价，且与4S店估价出入较大，则应与保险公司协商	20	
2	请客户填写出险证明，并请客户提供相应的文件，包括保险单正本、事故责任认定书、驾驶证、行驶证、被保险人身份证（路上出险，需提供交通管理局事故调解书）；根据事故状况、客户要求以及保险公司定损的定损单，制订维修委托书	20	
3	与客户沟通车辆情况及增项内容，针对增项服务，运用沟通技巧进行异议处理，重新派工	20	
4	交车前进行全面检查，邀请客户一起查看竣工车辆，向客户介绍维修的情况	20	
5	结算交车，做好保险理赔工作	20	
合计（总分100分）			

实训工单四　常见客户异议处理

学院		专业	
姓名		学号	

一、接受工作任务

　　作为服务顾问，遇到客户的抱怨时，要诚恳而有礼貌地接待客户，认真听取客户的抱怨，耐心地解释原因，积极主动地解决问题。

二、信息收集

　　1）查阅资料，比较各个汽车厂家质量担保期限情况（举几个例子即可）。
_____
_____
_____
_____
_____

　　2）查阅资料，在家用汽车产品三包有效期内，发生哪些情况，消费者选择更换或退货的，销售者应当负责更换或退货（举两例）。

情况一	
情况二	

　　3）东风风神 A60 车价款为 110 000 元，行驶里程为 10 000km，补偿系数为 0.8%，请计算补偿费用。
_____
_____

　　4）如何处理价格异议？
　　① 查阅资料，写出产生价格异议可能的原因。
_____
_____

② 查阅资料，写出处理价格异议的方法。
___
___
___

③ 查阅资料，写出处理价格异议的技巧。
___
___
___

三、制订计划

客户王先生的车辆行驶 700km 后，在还未上牌照（其他手续已经办完）的情况下，出现行驶困难现象。经检查发现变速器档位开关损坏，更换后问题解决。王先生认为新车不应出现这样的故障，执意要求换车。请根据常见客户异议处理要点，针对这一情况制订工作计划。

四、计划实施

1) 前述案例符合三包责任规定吗？
___
___
___

2) 客户对三包政策不了解，提出非理性要求，期望值过高，这种情况怎么处理？
___
___
___
___

3）三包政策给消费者带来了哪些好处？

_____
_____
_____

五、质量检查

请实训指导教师对计划实施结果进行评价。

序号	学习目标	达成情况	
		能	不能
1	掌握汽车质量担保的知识，能够识别车辆的三包情况		
2	能够处理发动机和变速器的主要零件、易损耗零部件、汽车系统主要零件的质量问题，能够识别退换车情况		
3	掌握汽车三包政策管理的知识，熟悉三包车辆维护维修的流程		
4	掌握汽车三包争议处理原则及处理方法，能够解决客户三包争议		
5	熟悉车辆返修管理制度，能够识别返修车辆的责任属性		
6	了解客户抱怨处理机制，能够进行返修车辆故障排除，处理客户抱怨		
7	了解产生价格异议的原因，掌握价格异议的处理方法和处理技巧，能够解决客户提出的价格异议		

六、评价反馈

请根据自己在本次任务中的实际表现进行评价。

序　号	评分标准	评分分值	得　分
1	掌握汽车质量担保的知识，能够识别车辆的三包情况	20	
2	能够处理发动机和变速器的主要零件、易损耗零部件、汽车系统主要零件的质量问题，能够识别退换车情况	20	
3	掌握汽车三包政策管理的知识，熟悉三包车辆维护维修的流程	20	
4	了解客户抱怨处理机制，能够进行返修车辆故障排除，处理客户抱怨	20	
5	了解产生价格异议的原因，掌握价格异议的处理方法和处理技巧，能够解决客户提出的价格异议	20	
合计（总分100分）			

项目四

售后服务业务拓展

实训工单一　售后服务产品推广

学院		专业	
姓名		学号	

一、接受工作任务

　　服务经理根据企业下达的售后任务，通过访问新老客户和调研当地市场制订营销活动计划，结合市场实际需求实时调整和完善活动方案，选择合适的广告媒体宣传方式，布置活动现场，安排人员的工作任务，及时地跟进活动实施情况，处理临时发生的事务，保证活动有序进行，活动结束后进行分析和总结。

二、信息收集

1）客户流失率的计算。
质保期内为 [1 - 进厂台次 ÷ ＿＿＿＿＿＿] ×100%。
质保期外为 (1 - ＿＿＿＿＿＿ ÷ 质保期内进厂台次) ×100%。

2）根据汽车服务过程可将汽车服务营销的内容划分为＿＿＿＿、＿＿＿＿和＿＿＿＿三部分。

3）简述如何进行客户和市场分析。
_____
_____
_____

4）简述广告媒体组合的作用。
_____
_____
_____

5）媒体组合运用的方式有哪些？
_____
_____

6）简述4S店广告投放的要求。
_____
_____

7）如何进行活动评估分析？
_____
_____
_____

三、制订计划

根据所学知识，制订服务经理开展服务营销活动的工作计划。

四、计划实施

1）为增加客户黏性，本店准备以"夏季空调维护"为主题设计一场营销活动，请设计客户调研话术（列举一例即可）。
_____
_____
_____

2）进行客户调研时，调研的内容包括哪些方面？
_____
_____
_____

3）总结服务营销组合的要素。

_____
_____
_____

4）阅读以下材料，完成相应问题。

某4S店为了提升营业收入，计划举行爱车美容月服务营销活动，主要内容为：

  a. 发动机舱清洗　　　　b. 汽车美容　　　　c. 冷排清洗

① 执行上述营销活动前，需要进行哪些准备？（回答要点）

_____
_____
_____
_____
_____
_____

② 如何进行活动后的效益评估？（营销活动目的及营销活动过程分析）

_____
_____
_____
_____
_____

五、质量检查

请实训指导教师对计划实施结果进行评价。

序号	学习目标	达成情况	
		能	不能
1	能够合理规划活动预算		
2	能够做到主题明确、创意新颖		
3	对市场信息分析合理，符合当地消费理念，有利于打压竞争对手		
4	能够合理、科学地制订活动目标，促进销量提升、客户满意度提升		
5	活动方案可操作，内容完整，要求明确		
6	实施计划能够使活动进程信息、时间节点明确		
7	人员组织能够做到分工明确、责任到人		
8	能够使活动达成计划的销售目标		
9	能够做到总结报告真实，影像、文字等资料齐全		

六、评价反馈

请根据自己在本次任务中的实际表现进行评价。

序 号	评 分 标 准	评分分值	得 分
1	了解汽车服务企业营销活动计划,简单描述营销活动计划包含的内容	10	
2	掌握汽车广告的类型、目的和投放原则,明确在广告宣传时应注意的问题	20	
3	明确汽车服务营销活动开展时现场布置内容和人员安排事项,解释其每一项的作用和意义	30	
4	能够跟踪市场推广结果、记录销售数据、了解活动效果,根据活动的检查结果分析调整将来的计划	20	
5	能够有针对性地组织开展跟进改善活动,制订改善报告	20	
合计(总分100分)			

实训工单二　普通客户的开发与维护

学院		专业	
姓名		学号	

一、接受工作任务

根据年度经营计划,服务经理通过调研问卷、访谈等方式收集客户信息,按照客户关系管理的工作流程和规范实施工作,并运用提高客户满意度的技巧正确处理客户的问题,发展和维护客户关系。

二、信息收集

1)市场营销学大师菲利普·科特勒将客户关系分为五种形式,分别为:_____、_____、负责型、_____、_____。

2)企业根据潜在的忠诚客户和客户终身价值可把客户分为四类,分别是:_____、黄金客户、_____、_____。

3)怎么理解客户终身价值?
_____
_____
_____
_____

4)让客户非常满意的技巧有哪些?
_____
_____
_____
_____

三、制订计划

本店进入业务淡季,请制订普通客户维护及调研的工作计划。

四、计划实施

1）简述本次客户调研的目的。

2）本次客户调研计划采用何种方法？

3）根据本次调研目的，设计客户调研问卷。

4）设计本次电话调研的维护话术及调研话术。
维护话术：

调研话术：

五、质量检查

请实训指导教师对计划实施结果进行评价。

序号	学习目标	达成情况	
		能	不能
1	能够理解客户关系的概念，说出客户与汽车4S店的几种关系		
2	能够概括影响客户满意度的因素，联系客户细分理论进行总结说明		
3	能够分析客户调研范围、问卷设计要点，明确客户调研目的		
4	能够阐述客户投诉管理流程，掌握提高客户满意度的技巧		

六、评价反馈

请根据自己在本次任务中的实际表现进行评价。

序　号	评分标准	评分分值	得　分
1	理解客户关系的概念，说出客户与汽车4S店的几种关系	20	
2	概括影响客户满意度的因素，联系客户细分理论进行总结说明	30	
3	分析客户调研范围、问卷设计要点，明确客户调研目的	30	
4	阐述客户投诉管理流程，掌握提高客户满意度的技巧	20	
合计（总分100分）			

实训工单三　重点客户的开发与维护

学院		专业	
姓名		学号	

一、接受工作任务

　　服务经理针对某地区的大客户进行了市场调研，包括了解该地区的背景、该地区大客户的市场分析、该地区大客户的市场展望等。请总结汽车服务企业大客户定位的影响因素。

二、信息收集

　　1）品牌策略包括_____、_____、_____、_____和_____。

　　2）营销成本是指_____，是_____的必要投入。

　　3）定价方法主要包括_____、_____和_____三种类型。

　　4）简述大客户价值分析的内容。
_____
_____
_____
_____

　　5）简述大客户营销渠道策略的内涵。
_____
_____
_____
_____

三、制订计划

　　根据所学知识，制订大客户关系维护的工作计划。

四、计划实施

1) 分析表格内容，写出表格能反映的信息。

日期	月维修总台次	预约台次	成功台次	成功率	预约率
1月	313	89	80	90%	28%
2月	330	90	75	83%	27%
3月	323	100	88	88%	31%
4月	323	120	60	50%	37%

2) 查阅资料，分析大客户关系维护的措施。

3) 查阅资料，写出制订大客户营销策略的方法。

五、质量检查

请实训指导教师对计划实施结果进行评价。

序号	学习目标	达成情况	
		能	不能
1	掌握大客户识别相关知识，能够分析客户价值并识别潜在大客户		
2	掌握营销策略的内容，能够分析大客户的需求并对其开展大客户营销策略		
3	掌握大客户关系维护措施，能够保持和留住大客户		
4	学习大数据时代商业变革的内容，能够利用大数据开展大客户的开发和维护		

六、评价反馈

请根据自己在本次任务中的实际表现进行评价。

序 号	评 分 标 准	评分分值	得 分
1	掌握大客户识别相关知识,能够分析客户价值并识别潜在大客户	30	
2	掌握营销策略的内容,能够分析大客户的需求并对其开展大客户营销策略	30	
3	掌握大客户关系维护措施,能够保持和留住大客户	20	
4	学习大数据时代商业变革的内容,能够利用大数据开展大客户的开发和维护	20	
合计(总分100分)			

项目五

售后战略制订与售后服务管理

实训工单一　制订服务部门标准和方针

学院		专业	
姓名		学号	

一、接受工作任务

石磊，创业精英，从某知名汽车品牌 4S 企业销售部高层管理岗位离职，希望凭借自己丰富的业内经验，在上海开设一家纯电动汽车经销企业。他已找到合适的合伙人，为说服他们，他需要对本地纯电动汽车市场环境进行调研分析，并出具调研报告。如果你是石磊的创业智囊团，应该怎样对纯电动汽车服务企业战略竞争环境进行分析？

二、信息收集

1）使汽车服务企业的资源分配和经营状况基本保持在目前状态和水平状态上的战略是（　　）。
　　A. 增长型战略　　B. 稳定型战略　　C. 紧缩型战略　　D. 维持利润战略
2）以下哪一项不属于宏观环境分析要素？（　　）
　　A. 人口环境　　　　　　　　　B. 技术环境
　　C. 政治法律环境　　　　　　　D. 行业竞争结构
3）处于以下哪一生命周期阶段的行业被称为"朝阳行业"？（　　）
　　A. 形成期　　B. 成长期　　C. 成熟期　　D. 衰退期
4）俗称"客大欺店"是指行业竞争结构中的（　　）。
　　A. 供应商议价能力　　　　　　B. 消费者议价能力
　　C. 潜在进入者威胁　　　　　　D. 替代品威胁
5）SWOT 分析法的步骤排序正确的是（　　）。
　　A. 进行战略选择→构造 SWOT 矩阵→分析环境因素
　　B. 进行战略选择→分析环境因素→构造 SWOT 矩阵

C. 构造 SWOT 矩阵→分析环境因素→进行战略选择
D. 分析环境因素→构造 SWOT 矩阵→进行战略选择
6）利用企业内部优势去抓住外部机会的战略是（   ）。
A. SO 战略　　　　B. WO 战略　　　　C. ST 战略　　　　D. WT 战略
7）先民主后集中属于哪种战略制订方式？（   ）
A. 自上而下　　　　B. 自下而上　　　　C. 上下结合　　　　D. 战略小组
8）战略控制的参照系是（   ）。
A. 绩效标准　　　　B. 战略环境　　　　C. 经营业绩　　　　D. 管理者态度

三、制订计划

根据所学知识，制订对纯电动汽车服务企业战略竞争环境进行分析的工作计划。

四、计划实施

1）收集一份纯电动汽车市场的资料。
2）运用 SWOT 分析法对已有的纯电动汽车市场资料进行梳理分析，形成小组分析成果并展示。

五、质量检查

请实训指导教师对计划实施结果进行评价。

序号	学习目标	达成情况	
		能	不能
1	能够做到行业资料信息收集全面、翔实，涵盖宏观环境和行业环境		
2	能够做到 SWOT 工具使用准确，分析到位		
3	能够做到 PPT 制作精良，图文并茂，逻辑性强		
4	能够使小组成果展示精彩，表达流畅，说服力强		

六、评价反馈

请根据自己在本次任务中的实际表现进行评价。

序号	评分标准	评分分值	得分
1	明确工作任务,理解任务在企业工作中的重要程度	10	
2	能够利用汽车服务企业战略管理框架来进行工作分析	30	
3	能够熟练运用SWOT分析法对汽车服务企业进行战略环境分析	40	
4	能够选择合适的方法为汽车服务企业经营战略的开展服务	20	
合计(总分100分)			

实训工单二　资源的协调与管理

学院		专业	
姓名		学号	

一、接受工作任务

　　服务经理根据经营目标和行动计划制订 KPI 体系，落实执行责任，同时对相关人员的业绩进行定期检视和跟踪，以有效检视业务经营的发展情况，及时发现问题并采取改进措施，帮助有关人员达到确定的业绩目标，同时实现企业的经营目标。

二、信息收集

1）什么是 KPI 体系？
_____
_____
_____

2）KPI 对于 4S 店有何意义？
_____
_____
_____

3）KPI 权重的确定方法有哪些？
_____
_____
_____

4）汽车 4S 店服务中存在的问题有：_____、_____、_____。

5）绩效考核的基本原则有：_____、_____、垂直考核原则、_____、_____。

三、制订计划

　　根据资源的协调与管理要点，以小组会议的方式讨论制订维修站人员的薪酬激励制度。

四、计划实施

以小组会议的方式讨论制订维修站人员的薪酬激励制度。

说明:

激励的方式可从物质和精神两个方面进行考虑。其中,物质可理解为直接薪酬和间接薪酬;精神可从榜样表扬、兴趣、目标及文化形象方面进行考虑。

要点:

① 按实际人数划分小组。

② 小组成员根据说明的要求进行资料搜集。

③ 制订薪酬激励制度。

④ 教师对各个小组薪酬激励制度制订情况进行讲评,并给出反馈。

_____
_____
_____
_____
_____
_____
_____
_____
_____
_____
_____
_____
_____
_____
_____
_____
_____

五、质量检查

请实训指导教师对计划实施结果进行评价。

序号	学习目标	达成情况	
		能	不能
1	了解 KPI 体系,说明如何确定指标权重		
2	掌握汽车服务质量理论,分析服务质量差距产生的原因		
3	认识汽车 4S 店服务存在的常见问题,概括服务质量管理的基本原则		
4	理解过程业绩检视,对比过程业绩检视和绩效考核的异同		

六、评价反馈

请根据自己在本次任务中的实际表现进行评价。

序 号	评分标准	评分分值	得 分
1	了解 KPI 体系,说明如何确定指标权重	25	
2	掌握汽车服务质量理论,分析服务质量差距产生的原因	25	
3	认识汽车 4S 店服务存在的常见问题,概括服务质量管理的基本原则	25	
4	理解过程业绩检视,对比过程业绩检视和绩效考核的异同	25	
	合计(总分100分)		

附 录

汽车服务接待仿真教学系统简介

　　汽车服务接待仿真教学系统以仿真实训为中心，搭建360°虚拟漫游场景——4S店，包括展厅、客户休息区、洽谈室、维修车间、维修接待区、交车区等；同时构建出23个超真实的人物角色模型，并赋予角色对话、行走、引导等交互功能；通过软件、VR设备、转向盘模拟器等载体，辅助教师备课、授课，并鼓励学生自主学习，打破时间与场地的限制，实现了"做、学、教"一体化教学。

一、系统特点

1. 真实企业工作内容

　　本系统根据售后服务接待实际工作内容进行设计，包括客户预约、接待准备、客户接待、环车检查、签订合同、维修跟踪、维修增项服务、车辆交付、回访、客户关系管理10个流程。任务选择导航界面如附图-1所示。

附图-1　任务选择导航界面

2. 虚拟仿真三维场景

系统以三维建模为基础，营造虚拟4S店环境，包含展厅、售后服务区、结算区、洽谈区、精品展示区、经理室、维修车间、客户停车区、待修区、竣工区、洗车区等；并配有相关虚拟人物辅助学生实训，包含服务顾问、车间主任、前台接待、保安人员、客户等人物模型。系统在传递知识的同时增强了趣味性，实现了友好型人机交互。学生可以不受场地和环境限制随时进行实训练习，以提高工作岗位业务技能和综合技能。虚拟仿真三维场景如附图-2所示。

附图-2 虚拟仿真三维场景

3. 系统设置

软件使用了实时下载更新技术，方便学校自主更新车型车系并应用到34个典型工作任务中。系统所提供的多种交互方式可帮助学生了解4S店预约管理系统、学习工具的使用和表单的填写、了解服务顾问的岗位职责、掌握为客户提供满意服务的方法。此外，软件还提供了VR体验区，如附图-3所示，学生可以凭借VR设备体验进入真正的4S店，并以服务顾问的角色实现多种人机交互。

附图-3 VR体验区

4. 后台管理功能

用户管理包括新建学生、查看/修改学生、设置用户可用性、删除学生、导入学生，如附图-4 所示。

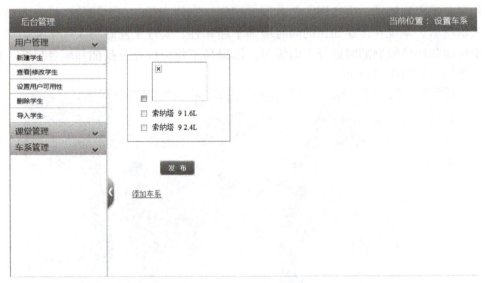

附图-4　用户管理界面

在课堂管理中可以按照任务名称查看学生操作记录，在任务名称中选择要查看的任务之后，单击查询，出现查询信息，教师可以看到所有学生在某个任务的操作记录，方便了解学生的学习进度，如附图-5 所示。

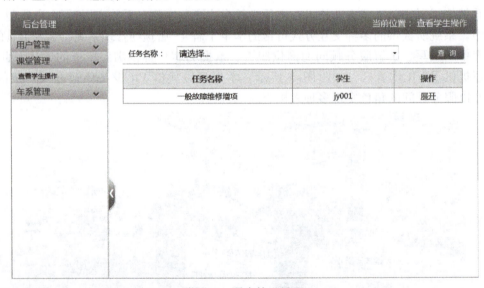

附图-5　课堂管理界面

在车系管理中可以设置车系，然后对车型进行发布，设置成功后便可进入上传车系界面，完成车型的上传，如附图-6 所示。

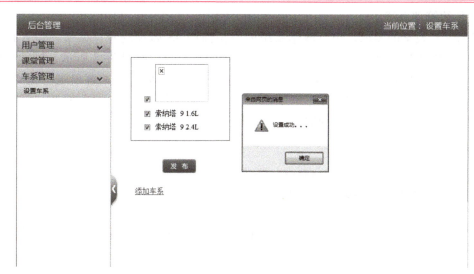

附图-6 车系管理界面

二、系统功能

1. 流程模拟模块

在流程模拟功能模块，根据授课易用性和工作技能实训性，筛选出汽车维修服务行业中的34个典型任务，包含主动预约、被动预约、预约确认、交车前检查、结算、一般维修维护服务跟踪回访、大客户的客户关怀、向客户汇报车辆维护进度等任务。学生可从任务选择导航界面（附图-7）选择任意一个流程下的任意一个典型工作任务，按照任务提示完成任务，在完成任务的过程中，掌握相应的知识和技能点。

附图-7 任务选择导航界面

2. 预约管理系统

根据学校教学的需求，仿真教学系统内嵌精简版 4S 店预约管理系统，包含预约管理、项目进度管理、结算、客户回访和报表五个模块功能，如附图-8 所示，使学生能够直观地学习和掌握相关知识内容。学生可通过此系统对不同情况的客户进行主动预约，查看预约排班表、确认预约；在车辆维修时，进行项目进度管理，添加物料、增项等电脑实操练习环节；也能练习如何通过预约管理系统进行客户回访，查看客户维护记录等内容。

附图-8　预约管理系统界面

3. 环车检查单

环车检查单（附图-9）记录了服务顾问与客户之间的沟通情况，可以避免可能出现的误解；将客户的要求进行详细而清楚地说明，可以有效地帮助维修技师提高修复率；记录了企业和客户在维修时间和预期费用方面达成的协议，有助于后期双方发生争议的解决。

4. 角色对话

对话需要单击触发，在角色 A 和角色 B 进行对话的过程中，先说话的角色会有高亮显示，如附图-10 所示，单击高亮区域，界面上出现对话的字幕并伴有配音，如附图-11 所示，本句话说完之后，需要单击对话框，进入对话模式。

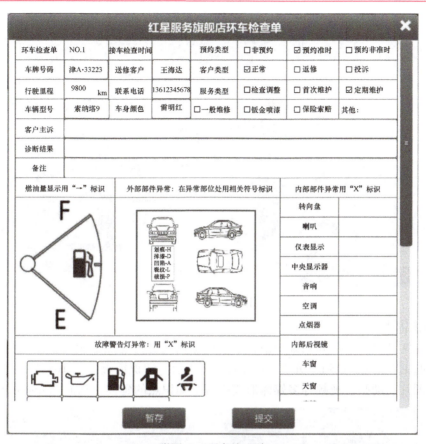

附图-9 环车检查单

附图-10 单击高亮显示的客户

附图-11 开始对话

5. 知识锦囊

为了在实训过程中巩固基础知识，系统在操作关键技能点处引出知识锦囊（多媒体类型），对知识点进一步阐述分析，如附图-12 所示。知识锦囊多达 168 个，每个知识锦囊还通过图片、动画、视频等多媒体形式进行了知识点的延伸，从而充分展示知识内容。

附图-12 知识锦囊介绍